子ども・保護者にしっかり伝わる

通知表所見 文例と書き方

梶田叡一〔監修〕

古川治・陸奥田維彦〔編著〕

小学校
高学年

学陽書房

はじめに

　通知表は、学校と家庭を結ぶ大事なメッセージ・メディアです。教師が保護者に、子どもの学校でのがんばりの様子を伝え、そこから新たな対話と相互協力を始める、という大事なコミュニケーション・ツールです。念には念を入れて記入していきたいと思います。

　教師も保護者も、それぞれ固有の願いをもっています。教師は自分の願いに照らして一人一人の子どものがんばりの経過を確認し、そこでの成長を評価し、そして次のステップに向けての課題は何かを示していきます。それを保護者は自分自身の願いのもとで受け止め、場合によっては教師と話し合い、子どもにどう対していけばいいか、気持ちを整理することになります。当然のことながら、子ども本人は、その過程で、教師からと保護者からの指導助言をいろいろと受けることになります。

　こうした過程を通るわけですから、教師からのメッセージは一方的なものになってはいけません。また教師からのコミュニケーションには、子どもを見ていく場合の基本視点や暗黙の基準なども含まれていなくてはなりません。通知表に記入する所見など文章表現の部分には、特にそうした配慮が、簡単な言葉のように見えながらも如実に含まれていなくてはならないでしょう。

　本書は、「通知表が教育の一環としてもつ大事な機能を十分に果たしていけるように、教師の方々の参考になるところをできるだけ多く盛り込みたい」という願いのもとに制作されました。お気づきの点などありましたら、私どもにお知らせいただければ幸いです。

　最後になりましたが、時代の進展とともに、我々の目の前にいる子どもが未来の社会で心豊かにたくましくやっていけるよう教育していくための課題が、困難の度合いを増しているように思われてなりません。教師にとっても、保護者にとっても、教育上直面する課題が複雑多岐にわ

たり、ときには大変な苦労を覚悟しなくてはならないものになってきています。だからこそ一人一人の教師が孤立することなく、教育界の多くの仲間たちと手を取り合い、助け合いながら直面する課題に向き合っていかなくてはならないのではないでしょうか。こうした中で、教育界の先達が準備してくれた本書をはじめとする多様な実践参考書の担う意義は、ますます大きくなってきているのではないかと考えています。

　本書を一人でも多くの教師の方々に有効活用していただくことを心から願っています。

　本書を刊行するにあたり、学陽書房編集部の村上広大さん、駒井麻子さんをはじめとする方々には多大なお世話になりました。ここに記して深い謝意を表したいと思います。

2020（令和2）年6月

梶田叡一

CONTENTS

第1章 通知表の機能と所見文のポイント

第2章 学びの姿（学力面）の所見文例

1 知識・技能

② 思考・判断・表現

③ 主体的に学習に取り組む態度

第3章 「特別の教科　道徳」の所見文例

育ちの姿（生活面）の所見文例

4 責任感

5 創意工夫

6 思いやり・協力

7 生命尊重・自然愛護

＊本書記載の所見文は、下記を示します。
　○……優れていた姿　△……努力してほしい姿

・第 **1** 章・

通知表の機能と
所見文のポイント

1 新しい学習評価

1 学習評価の基本的な考え方

　2019（平成31）年3月、文部科学省から新しい学習評価と指導要録に関する通知が出されました。これは、2017（平成29）年3月に文部科学省から告示された新学習指導要領に基づくものです。ここで、新しい学習評価についておさらいしておきましょう。

　学習評価は、学校における教育活動に関し、児童生徒の学習状況を評価するものです。

　「学習指導」と「学習評価」は学校の教育活動の根幹であり、教育課程に基づいて組織的かつ計画的に教育活動の質の向上を図る「カリキュラム・マネジメント」の中核的な役割を担っています。

　また、指導と評価の一体化を図るためには、児童生徒一人一人の学習の成立を促すための評価という視点を一層重視することによって、教師が自らの指導のねらいに応じて授業の中での児童生徒の学びを振り返り、学習や指導の改善に生かしていくというサイクルが大切です。

　つまり、新学習指導要領で重視している「主体的・対話的で深い学び」の視点からの授業改善を通して各教科等における資質・能力を確実に育成する上で、学習評価は重要な役割を担っています。

2 観点に整理された観点別評価

　新学習指導要領では、各教科等の目標や内容を「知識及び技能」「思考力、判断力、表現力等」「学びに向かう力、人間性等」の資質・能力の三つの柱で再整理しました。

これに対応して、学習状況を分析的に捉える観点別学習状況の評価の観点については、「知識・技能」「思考・判断・表現」「主体的に学習に取り組む態度」の三つの観点に整理されています。

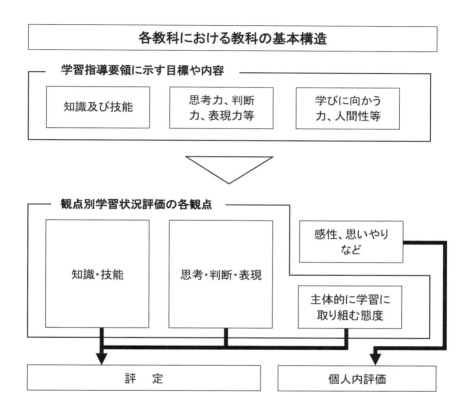

各教科における教科の基本構造

学習指導要領に示す目標や内容

| 知識及び技能 | 思考力、判断力、表現力等 | 学びに向かう力、人間性等 |

観点別学習状況評価の各観点

| 知識・技能 | 思考・判断・表現 | 感性、思いやりなど |
| | | 主体的に学習に取り組む態度 |

| 評　定 | 個人内評価 |

　留意すべきなのは、新学習指導要領における資質・能力の柱である「学びに向かう力、人間性等」については、観点別評価になじまない、感性や思いやりなど幅広いものが含まれることから、評価の観点としては、学校教育法に示された「主体的に学習に取り組む態度」として設定している点です。
　この「主体的に学習に取り組む態度」と「学びに向かう力、人間性等」の関係については、「学びに向かう力、人間性等」には、①「主体的に学

習に取り組む態度」として観点別学習状況の評価を通じて見取ることができる部分と、②観点別評価や評定にはなじまず、こうした評価では示しきれないことから個人内評価を通じて見取る部分があるとしています。

3 観点別評価の具体的な方法

❶ 観点別評価と評定の取扱い

　観点別評価の段階及び表示方法については、これまでと同様に3段階（ABC）とすることが適当と据え置かれました。

　その上で、各教科における評価の基本構造は、①「学習状況を分析的に捉える観点別学習状況の評価」と、②「これらを総括的に捉える評定」の両方で捉え、観点別学習状況の評価や評定には示しきれない児童生徒一人一人のよい点や可能性、進歩の状況については、個人内評価として実施するものとされています。

❷ 「知識・技能」の評価

　各教科等における学習の過程を通した知識及び技能の習得状況について評価を行うとともに、それらを既有の知識及び技能と関連付けたり活用したりする中で、他の学習や生活の場面でも活用できる程度に概念等を理解したり、技能を習得したりしているかについて評価します。

　具体的な評価方法としては、ペーパーテストにおいて、事実的な知識の習得を問う問題と、知識の概念的な理解を問う問題とのバランスに配慮するなどの工夫改善を図るとともに、例えば、児童生徒が文章による説明をしたり、各教科等の内容の特質に応じて、観察・実験をしたり、式やグラフで表現したりするなど実際に知識や技能を用いる場面を設けるなど、多様な方法を適切に取り入れていくことが考えられます。

❸ 「思考・判断・表現」の評価

　各教科等の知識及び技能を活用して課題を解決する等のために必要な

思考力、判断力、表現力等を身に付けているかどうかを評価します。

　具体的な評価方法としては、ペーパーテストのみならず、論述やレポートの作成、発表、グループでの話し合い、作品の制作や表現等の多様な活動を取り入れたり、それらを集めたポートフォリオを活用したりするなど評価方法を工夫することが考えられます。

❹「主体的に学習に取り組む態度」の評価

　挙手の回数や積極的な発言、毎時間ノートをとっているなど、単に継続的な行動や性格、行動面の傾向を評価するということではなく、各教科等の「主体的に学習に取り組む態度」に係る評価の観点の趣旨に照らして、粘り強く知識及び技能を獲得したり、思考力、判断力、表現力等を身に付けたりするために、自らの学習状況を把握し、学習の進め方について試行錯誤するなど自らの学習を調整しながら、学ぼうとしているかどうかという意思的な側面を評価します。

　つまり、自己の感情や行動を統制する能力、自らの思考の過程等を客観的に捉える力（いわゆるメタ認知）など、学習に関する自己調整にかかわるスキルなどが重視されていることにも留意する必要があり、単に粘り強く取り組んでいるという態度の評価だけではありません。

　具体的な評価の方法としては、ノートやレポート等における記述、授業中の発言、教師による行動観察や、児童生徒による自己評価や相互評価等の状況を教師が評価を行う際に考慮する材料の一つとして用いることなどが考えられます。

　その際、各教科等の特質に応じて、児童生徒の発達の段階や一人一人の個性を十分に考慮しながら、「知識・技能」や「思考・判断・表現」の観点の状況をふまえた上で、評価を行う必要があります。

4 ▶ 指導要録の改善

　教師の勤務負担軽減の観点から、指導要録における「指導に関する記録」欄の「総合所見及び指導上参考となる諸事項」については、要点を簡

条書きにするなど端的に記述することとされました。

　また、域内の学校が定めるいわゆる通知表の記載事項が、当該学校の設置者（教育委員会）が様式を定める指導要録の「指導に関する記録」に記載する事項をすべて満たす場合には、設置者の判断により、「指導要録の様式を通知表の様式と共通のものとすること」が可能であるとされました。

参考）
・文部科学省「小学校、中学校、高等学校及び特別支援学校等における児童生徒の学習評価及び指導要録の改善等について（通知）」（30 文科初第 1845 号、平成 31 年 3 月 29 日）
・文部科学省 国立教育政策研究所教育課程研究センター「学習評価の在り方ハンドブック」
・中央教育審議会初等中等教育分科会教育課程部会「児童生徒の学習評価の在り方について（報告）」（平成 31 年 1 月 21 日）

通知表の機能と所見文

1 ▶ 通知表の機能と役割

通知表における評価は、学期のまとめの評価であり、子どもの「学び」と「育ち」の結果を総括化する「総括的評価」です。

したがって、通知表の機能は、その総括的評価の一翼を担うものとして、子どもたち一人一人の学期、あるいは学年における教育課程の確認といえます。

また、子どもと保護者に対し、学校としての評価結果を知らせることによって、その努力と成果を共有するとともに、今後より一層の努力を促すきっかけとしてもらうことで、家庭と学校の教育的関連性を密接にしていくものです。

通知表は、総括的評価を通知する機能とともに、その通知による学校（教師）と子ども・家庭（保護者）間の双方向のコミュニケーション機能が重視されるようになってきています。

2 ▶ コミュニケーション機能として

教師からのコメントや文章が充実している通知表は、子ども及び保護者とのコミュニケーションが充実した通知表です。明確な評価規準に基づいて、子どもの学習成果をきちんと評価していかなくてはなりません。

また、学習成果の評価だけではなく、それと同時に、性格・行動の様子や記録、あるいは特別活動や学校生活に関する評価も求められます。

それぞれの学校における教育目標や学校経営の重点をふまえて、学校生活においての一人一人のがんばりの様子をきめ細かく見ていき、常日

頃からメモをとるなどして、通知表での評価や所見文に反映させていく
ことが大切です。

3 保護者の価値観の多様化

　現代の若い保護者の家庭環境は多様で、それに伴い、「子育て観」も
多様化しています。

　ある調査によれば、保護者が子どもに期待する価値観の優先順位は、
かつての祖父母の時代の価値観と、現在の価値観とでは次のように変化
しています。

〈祖父母時代〉
①「人に迷惑をかけない」
②「あいさつや行儀作法ができる」
③「保護者や先生など目上の人を尊敬する」
④「家の手伝いをする」
⑤「自分のことは自分でできる」

〈現在〉
①「親子のコミュニケーションがとれる」
②「親子のふれあい」
③「思いやり・やさしさ」
④「自分の気持ちを言える」
⑤「友だちと遊べる」

　このような優先順位の転換は、昨今の教育問題に大きく反映していま
す。学校でもこうした変化を理解して、一人一人の子どもの指導にあた
ることが大切です。

4 保護者の理解と協力を得るために

　担任の教師は、あらかじめ学級懇談会・家庭訪問・個人懇談会などを通して、日頃から保護者との関係づくりに努める必要があります。

　その過程をふまえた上で、保護者が「我が子をよく見てくれている」と思うような、子どもに対する「認め」と「指針」と「励まし」のある心の込もった説得力のある所見文に仕上げましょう。

　また、いずれの保護者も「我が子にはすくすく伸びてほしい、幸せになってほしい」という思いから、つい「過保護」「過干渉」となってしまいがちです。こうした点を考慮した上で、子どものよい点を認め励まし、学校と家庭が手を携えて協力していくことは、子どもたちの成長にとって大切です。そして、その両者を結ぶパイプ役が通知表といえます。

5 質問・クレームに備えるために

　通常、通知表の成績及び所見文は、転記ミス、誤字脱字以外に訂正することはありません。

　しかし、最近は「うちの子は国語のテストで80点とっているのに、どうして『漢字の練習をしっかりしましょう』と書かれるのですか」「去年の先生からは問題のない子だと評価されていましたのに」などの質問・クレームが出されることがしばしばあります。

　近年では、保護者からの成績訂正要求が増加したため、事前の懇談会の席上で、通知表の成績を見せて、保護者からのクレームが出ないように対応する学校が各地で見られるようになりました。

　したがって、教師側も質問・クレームがあるものだとして、あらかじめ「授業態度」や「身辺の整理・整頓」等の観察記録、「ノート」「作文」や「宿題」「提出物」「子ども自身の自己評価カード」の記録などをとっておく必要があります。保護者には、それらを用いて日頃の補助簿や座席表メモの記録を根拠に説明し、納得してもらえるような準備を怠らないことも大切な心構えです。

3 所見文のポイント

1 子どもの成長とがんばりを認め報告する

　通知表は、各学期に一度、子どもや保護者に向けた「成長・がんばりの記録」です。所見文は、その記録についての共通理解を深め、今後の子どもへの支援・援助、指導へとつなげていくものにしなければなりません。そのためにも、できるようになった点を先（前）に書き、できない点や短所等は後に書くようにすることが望ましいといえます。

　子どものできない点や短所は印象深く残るものです。しかし、そうであっても「できるようになった点」に目を向けて、それを先にほめることで、やる気を引き出すことが大切です。

　どの子どもにも、よい点・すぐれた点は必ずあります。まずは、子どもを認めていくことにより、「自分もやればできる」という自尊感情を育てることができます。

　ただし、自尊心の高い子どもには「ほめ言葉」は達成感をもつことができた場面に絞り込み、少し高めの目標を次のハードルとして示したいところです。

　また、ほめる点の少ない子どもには、「先生もうれしいです」と教師の率直な気持ちを込めた表現で文にするとよいでしょう。

　子どもはほめられるとうれしいものです。しかし、過大に「あなたには無限の可能性がある」式のほめ言葉は、おべんちゃらに映りかねません。「よく努力したね」「いつもよくがんばりましたね」など、ほめることによってその子が少し胸を張り、自信（効力感・有能感）をもつようになれば、さらにやる気を引き出すことができるでしょう。

2 子どもの長所を見つけるポイント

　しかし、子どもの短所はすぐに言えても、よいところを言うのはなかなか難しいものです。すらすら所見が書ける子どももいれば、反対に何も書けそうにない印象の薄い子どももいます。

　子どもをほめることが苦手な教師は、無意識的に「よい子」「できる子」「頭がよい子」「がんばった子」などの基準しかもっていないという傾向があります。その本人の長所を具体的な活動から見取って、評価する（ほめる）という感覚に乏しいのです。

　具体的な活動から見取る長所とは、何かが「できた」というだけではなく、例えば以下のようなことも長所にあげられます。

・明るい	・几帳面である	・あきらめない
・世話好き	・独立心がある	・がまん強い
・よく働く	・正義感がある	・文句を言わない
・注意深い	・協調性がある	・くよくよしない
・よく考える	・誠実である	・よく気がつく
・勤勉である	・粘り強い	・人に親切である

　このように、子どもの長所を見取る視点はいくらでもあります。

3 周りの人から聞き取れる子どもの姿

　また、子どものよい点に担任の教師が気づけていないだけ、ということも大いにあり得ます。

　その自覚があれば、校長、教頭、養護教諭、図書館の教師、給食の調理員さん、校務員さんなどに聞いてみるのもよいでしょう。

　「登校の際、いつも１年生の手をつないでくれている」「毎朝、校門に立っている教頭先生に元気よくあいさつしている」「給食当番の後片付けをちゃんとやっている」等々、担任が見えていない子どもの姿を知る

こともできます。

　こうした姿を所見に書き、来学期もこのような姿勢を続けてほしい、という教師の願いを示すとよいでしょう。

4　どうしても長所が見つけられない子どもへは？

　それでも、どうしても長所が見つけられない子どもがいるとしたら、例えば次のように捉えるとよいでしょう。

> 例）１学期の段階で、「やんちゃ」「おっちょこちょい」「５分たつと集中できない」「落ち着いて取り組めない」といったことばかりが目についた子どもの場合

　「元気で活発に授業に参加することができますが、集中力が続かないときもあります。どの授業でも、積極的な態度で根気強く集中して取り組めるように指導しています。」

　このように、よい面である活発さと、もう一歩の面である根気強さの両面を示し、それに対する指導・支援を続けていく教師の方針と意思とを表現しましょう。

　また、「何を書こうか困ったな、成長した点が何もないな」という場合には、「○○しかできない子」として見るのではなく、まず「○○はできる（例：かけ算の九九ならできる）」ということを探すようにしなければなりません。

　「かけ算の九九ができるようになりました。がんばりましたね。次は○○をやってみたらどうでしょう。」

　といった表現に、

　「あなたならできますよ。」

　「必ずできるようになりますよ。」

　「これからの努力に期待しています。」

「この調子で努力を続けることを願っています。」

といった言葉を添えることで、一つでもよい点・できる点をほめると同時に、次学期に向けた意欲への橋渡しにすることが大切です。

その上で、2学期の評価では、

「算数の自信が国語にも発展し、教科書をすらすら読めるようになりました。」

さらに3学期には、

「この1年間で日増しに学習意欲が高まり、学習習慣も身に付き、好きな教科では予習もするようになりました。」

と書くことができれば、子ども本人も、保護者も成長を感じられる通知表となっていくでしょう。

5 ▶ 短所や欠点を指摘するときの表現

ときには児童の努力を要する点など、その後の指導において特に配慮を必要とする事項の記載も必要となってきます。

その際には、思いつきや恣意的な記述など、客観性や信頼性を欠く内容とならないように注意しなければなりません。また、否定的な表現で締めくくるのは避けるようにし、率直に「教師の願い」「方針」を込めた「肯定的な文」に変えて伝えていきたいものです。

× 授業中、途中から飽きてしまうのか、私語をしている姿が目立つように思います。周りの友だちの学習の妨げとなっており、迷惑をかけているようですので気をつけてほしいものです。

↓

○ 意欲的に授業に参加しますが、途中から飽きて私語をしてしまうときもあります。学習に集中できるようになれば理解がさらに深まりますので、意欲的な面を伸ばし、根気強さを養うように指導をしていきます。

6 ▶ 段階的に1年の成長期間を見通して評価する

　子どもたちの学習や生活の変化や成長の様子も、3か月程度で違った姿を見せるものです。

　竹の節のように1年間を三つに分けることは、子どもの取組みの過程や育ちの中間的総括としての「とりあえず」の評価期間としては適当な期間であるともいえます。

　2学期制を導入している場合でも、3学期制の視点を所見文に生かすことは非常に重要です。

〈1学期〉

　一人一人の子どもたちの特徴・資質・学級での友人関係、家庭での習い事、伸ばしてあげたいよいところ、すぐれている点などを冷静に見取ることに重点を置きましょう。前年度の指導要録の記録や前担任などからも子どもたちの様子・課題は引き継いでおくことが重要です。その上で伸ばしたい点や課題については、1年をかけて成長してほしい姿として子ども自身に伝えましょう。

〈2学期〉

　学級の人間関係も安定し学習以外の運動会、遠足、学習発表会、音楽会などの行事での集団活動が活発化します。それらの活動の中で、努力してできるようになって友だちから認められた点、友だちと協力してできるようになった成長の成果を見取るようにします。特に、学校生活が中心となる2学期ならではの成長やがんばりを認めましょう。

〈3学期〉

　1年間の仕上げの学期ですから、教師が年度始めに子どもたちに呼びかけて作り上げた「学級目標」に照らして、一人一人の子どもたちが自分の目標を基準としてどれくらいがんばり、成長したかを成果として評価しましょう。ただし、次学年に残した課題については、子ども・保護

者に示しておく必要があります。

7 ▶ 他の子と比較せずその子自身の成長・発達を見取る

　1年間の努力や伸びは学級の子どもたちの間では、個人差が大きく見られます。「かけ算の九九についてはクラスでトップ」になった子どもに対しては、ときには「クラスで一番」という相対評価による評価が子どもにとっての「過信」ではなく、「自信」につながるなら表現してもよい場合もあります。

　しかし、例えば「鉄棒の逆上がり」などの場合、クラスの相対評価ではあまりすぐれていないものの、その子なりにコツコツ努力し、自分なりに「できる」という効力感をもつことができたとします。そのような場合には、その努力を「進歩した」という向上の姿として、子どもや保護者にぜひ文章にして伝えましょう。

　その子が「1学期から見たらどうだろうか」「他の点から見たらどの点が一番すぐれているだろうか」とその子自身を基準に評価する「個人内評価」の視点で認めていく必要があるのです。

　的確に子どものよい点を見取ることは難しいものです。しかし、教師が子どもの小さな変化、成長に喜びを見出し、そのことを保護者とともに喜ぼうとする気持ちが大切です。

8 ▶ 「学び」と「育ち」の向上・深化を見取る評価

　学校が育てたい豊かでたくましい人間性は、「行動の記録」欄と所見文にこそ表されるものです。したがって、この欄こそ、教師は力を入れて何日もかけて苦労して書き上げます。これこそ、通知表が学力保障だけでなく、成長保障の手立てとなる所以です。

　学習面では、観点別評価の観点に従って評価します。多くの教師が、「知識・理解」は主にペーパーテストの結果から「見える学力」として評価できますが、「主体的に学習に取り組む態度」はペーパーテストでは測る

ことができない「見えない学力」なので困る、と感じているのではないでしょうか。

　「主体的に学習に取り組む態度」は学習・生活両面の構えを作る上で大切な力です。したがって、その見取りは大切な観点です。

　例えば、「試行錯誤しながら学習方法を自己調整していた」「友だちにわかるまで考えを説明していた」「授業で疑問だった点について、図鑑などで調べている」など、子どもに顕れる兆候（シンプトム）を注意深く見れば、見取ることができます。

　その兆候は、学習面だけでなく、生活規律、特別活動における集団での役割など教育活動のあらゆる面で見取ることができます。

　それを認める言葉としては、「粘り強くがんばりました」「一生懸命にやっていました」「大変意欲的でした」「ぐんぐんやる気が出てきました」「意気込みが違ってきました」「最後まで投げ出さずやりとげることができました」などの言葉で表現しましょう。

　子どもが「わかるようになった」「覚えられた」「できるようになった」という知識・理解は、あらかじめ教師が設定した到達基準にどの程度到達したかという「目標に準拠した評価」で達成度を測るようにします。

　そして、子どもが「以前より読書をするようになった」「うさぎ小屋の世話を進んでするようになった」などの情意面における評価は「その子なり」の向上として、「向上目標」という評価基準をもとに見取っていくことが肝要です。

所見文で避けたい表現

1 保護者にわかりにくい表現

　通知表の所見文では、専門的な言葉の使用や、抽象的な表現を避け、保護者にもわかりやすく教師の温かい心が伝わるような表現とする配慮が求められます。

> **POINT 1**
> 教師の教育的・専門的な概念や言葉の使用を避ける

避けたい表現例

- ●社会科学的な物の見方を育てます
- ●社会認識力が弱いところがあります
- ●数学的な思考力を養いたいです
- ●問題解決的な学習態度が望まれます
- ●課題解決的な学習力が必要です
- ●論理的な思考力が育ってきました
- ●観点別評価で見ると
- ●…の領域の力が備わっていません
- ●自己実現する力を育てたいです
- ●変容が期待されます
- ●葛藤する場面があります
- ●友だちとの共感的理解が望まれます

POINT 2 カタカナ表現を避ける

避けたい
表現例

- ●友だちとよくトラブルを起こします
- ●モラルを守ることが必要です
- ●違ったアプローチをしています
- ●よくなっていくプロセスを大切に見ています
- ●…のニーズを大切にしています
- ●アイデンティティの確立が期待されます
- ●情報リテラシーが身に付いてきました
- ●他の子に比べて、少しユニークな面があります
- ●学習でつまずいた点をフィードバックします
- ●忘れ物が多く、少しルーズなところがあります
- ●セルフエスティームの方法を身に付けてほしい

POINT 3 つかみどころのない抽象的で心が伝わらない表現を避ける

避けたい
表現例

- ●…だと子どもたちから聞いていますが
- ●…させることが肝要です
- ●留意する点として……
- ●学校と家庭の両方からの指導で万全を期すようにしましょう
- ●…できるよう期待してやみません
- ●…する力が育つことを大いに期待しています
- ●全般に各教科において次第に向上してきました

●１学期の様子と変化がありません

●今学期の成績はいまひとつでしたが…

●教科により好き嫌いが激しいので…

2 ▶ 断定的な「決めつけ」の表現

　担任の一方的な見方により断定的な表現は避けなければなりません。

　これまで長年手塩にかけて我が子を育ててきた保護者にしてみれば、「今年、担任しただけの先生にそこまでうちの子の性格や能力がわかるのか」という不快な思いを抱きかねません。そうなってしまうと、今後の学校と保護者の信頼関係が築きにくく、不信感や対立を生むことになるので、特に文章表現には注意してください。

　この所見文を子どもが見たら、保護者が読んだら、どう感じるかという視点で文章を見直してみましょう。また、不安なときは、他の先生に読んでもらいましょう。経験豊かな先生からは必ず有益なアドバイスがあるはずです。

POINT 4 ┊ **先入観で欠点を指摘する表現は避ける**

避けたい
表現例

●短期なところがあり…

●少しがんこに見えます

●やや頼りないようです

●自己主張が強いようなので…

●音楽が嫌いなようですが…

●作業が雑で、作品もいい加減に仕上げます

●音楽や図工などの授業でも騒がしいようです

●授業中、私語をして迷惑をかけています

●飽きっぽく授業態度に学習意欲が見えません

●授業中「ハイ、ハイ！」と指名するまで挙手します

●ノートの字が乱雑です。もう少し丁寧に書きましょう

●先生の話を聞いておらず、作業や宿題ができないようです

●調子はいいのですが…

●社交性がないので…

●責任感がないので、努力しようという姿勢が見えません

●内弁慶なところが見られ…

●教師に対して反抗的な態度が見られます

●体育は得意ですが、肝心の算数の理解力が…

POINT 5　性格・能力への「決めつけ」は控える

避けたい
表現例

●おとなしい性格なので…

●気が弱いので…

●人見知りをするので…

●面倒くさがりやなのか…

●能力的には問題ないのですが…

●…する力が乏しいため、努力してもなかなか進歩できません

●性格的に引っ込み思案なので…

●少しチャランポランな面があり…

●少し幼稚で、甘えん坊な面があります

●発達面で少し遅れがあるようです

- ●独善的になることがあります
- ●行動が粗暴で…
- ●あわてもののようで…
- ●優柔不断な態度が…
- ●のんびりやなので…
- ●…という点が嫌われているようです
- ●性格的に暗い面が見られ…
- ●子どものくせに…
- ●涙もろく、すぐに…
- ●お姉さんはじっくりと物事を考えていましたが…

3 責任転嫁・家庭批判につながる表現

　学校の指導責任を回避して、家庭や保護者に指導を丸投げするような表現は、指導責任の放棄ととられ、教師への信頼関係を損なうことにもつながるので注意しなければなりません。

　このような場合は、「学校でも指導に努めますが、ご家庭でもご協力していただけましたらありがたいです」というように、ともに手を携えて協力を促す表現に配慮しましょう。また、連携が成果を上げたときは、「ご家庭での日々の声かけが実り……」といった足跡を残す表現の工夫も大切です。

POINT 6

指導の責任を家庭・子どもに
押しつけない

避けたい
表現例

- ●…ですからご家庭でも十分にご指導ください
- ●ご家庭での基本的な生活習慣が身に付いていません
- ●ご家庭でのこれまでの過保護／放任が…

- ●ご家庭の厳しさへの反発として…
- ●ご両親が共働きのため…することができません
- ●カギっ子のため…
- ●おじいちゃん／おばあちゃん子のため…
- ●お姉さんのようにご家庭でも…
- ●お母さんだけではなく、たまにはお父さんもご指導を…
- ●忘れ物、持ち物、整理整頓などはご家庭でご指導ください
- ●ご家庭での躾を期待します
- ●夜遅くまでテレビを見ているのが悪影響して…

4 プライバシーの保護に抵触する表現

　子ども本人をほめようとしている表現ではあるものの、結果として家庭の実態やプライバシー保護に抵触するような文章表現は控えましょう。

　とはいえ、プライバシーに配慮し過ぎて、当たり障りのない表現も温かさに欠けます。このようなデリケートな内容は、事前に保護者との個人懇談会の場で十分な意思疎通を図っておく必要があります。

POINT 7 児童や家庭の事情に関する表現には十分に配慮する

避けたい表現例

- ●苦しい家庭事情にもかかわらず、その学習成果は見事です
- ●貧困に負けず、その努力はクラスの模範でした
- ●父親がいないのにもかかわらず…

●母子家庭にもかかわらず、お母さんの努力が…
●弟／妹の面倒を見なければならず…
●ご両親が共働きにもかかわらず…

5 偏見や差別につながる表現

　子どもの容姿や性格など心身の特徴など、自分ではどうにもできない点についての表現は絶対にしてはなりません。

　また、性別役割分担論に立つことなく、男女差別の表現に注意し、子どもたちに人権やジェンダーを教える教師の役割を果たすことが求められます。

　近年では、学級通信、学級だより、学級文集等の活字になった表現において、個人を特定した内容について、個人の性格・能力、家庭、人格の悪口、誹謗・中傷にあたるとして、プライバシーや人権、ジェンダーの観点から指摘、文書の回収・訂正・再配付を要求されることがしばしばあります。

　通知表の所見文も、その範疇に含まれている文書です。人権尊重の立場から十分に注意して作成しましょう。

POINT 8 容姿、性格などについての差別的な表現は厳禁

避けたい
表現例

●問題行動をとります
●…が原因でいじめをするようです
●友だちの持ち物を盗んだり…
●宿題を忘れることが多く、いい加減な面があります
●手のかかる子どもです
●頭でっかちな面があります

●チビッ子同士で遊んでいます

●運動オンチですが体育はがんばっています

●やせているので体力をつけて…

●友だちのノートをのぞいて…

●行動がゆっくりで、ぐずぐずしていることがあります

●不器用なところがあり…

●アトピーなど皮膚障害に…

●学習障害の面は支援しながら…

POINT 9 — 人権やジェンダーの観点に配慮する

避けたい
表現例

●お母さんがお家にいらっしゃるので…

●もう少し男／女らしく○○しましょう

●男の子なのですから自信をもって発言しましょう

●女の子らしい言葉を使いましょう

●女の子らしく家でもお手伝いができています

小学5年生の特徴と所見文

1 小学5年生の特徴

　5年生は、高学年の仲間入り、いわゆる児童期が終わり、いよいよ思春期に入る微妙な時期となります。子どもへの接し方が重要になってきます。個人差はあるものの、第二次性徴期を迎え、男女の性差が顕著になり、身体的にも情緒的にも不安定となる傾向があります。近年では思春期の「発達加速現象」が顕著となり、身長・体重などの量的側面の「成長加速現象」に加え、精通・初潮など性的成熟や質的変化の開始が早まる「成熟前傾現象」がおこり、早く大人に近づいているようです。

　生活面では、大人が自分を他の者と公平に扱っているかとても敏感になる時期でもあります。幼児期の第一反抗期は単なる反抗的な態度ですが、この第二反抗期になると、抽象的・論理的な思考に基づいているので、反抗も意識的となります。焦燥感や不安感など、心の葛藤が反抗としての行動に現れてきます。

　また、自分で何でもやろうとする独立心が芽生えてきますが、他方、家庭や学校生活ではトラブルが生まれ、自己に対する自信の喪失や自尊感情の低下、大人や友だちへの不信感を生みます。それらが家庭内暴力、校内暴力、非行行動として現れる場合もあります。しかし、こういった行動は、大人への依存から自立的・自律的な態度が育っていく時期でもあることを示しています。言葉だけで判断せず、日々の生活の中で子どもの表情や様子をよく観察して、頭ごなしに権威で従わせるのではなく、子どもの成長・発達過程と受け止め指導することが重要です。

　学習面では、中学年よりさらに単元の内容が難しくなるので、得意な教科と苦手な教科を意識し始め、学力差が如実に現れます。学習習慣を

定着させ、「わかった」「できた」「自分で考えた」等の積み重ねにより、学習意欲の低下を防ぎましょう。また、わからないことを集団の中でもたずねたり、自分から意見を発信したりする力も大切です。学習内容が多くなる上に、社会や世界に目を向けていきます。筋道を立てて考える論理的で抽象的な内容の学習がかなり増えてきます。教科書やノートを参考にして、学習を振り返りながら、苦手な内容もねばり強く取り組むよう支援したいものです。

2 学期ごとの所見文作成の配慮点

〈1学期〉

　高学年としてのはじめての通知表。その意欲の高まりをうまく持続させることができるよう、表面的にほめるのではなく、責任ある行動、奉仕的な活動等「さすが高学年！」と言える言動をしっかりと認め、励ますことが重要です。また、外国語など新たな教科も加わり、テストでは多くの記憶を求められることが多い中、子どもが何にこだわって学習にのぞんできたのかをしっかりと見取りましょう。

〈2学期〉

　運動会、音楽会など、大きな学校行事での委員会活動等で下級生をリードする役割を期待されます。どんな活動をしたかだけではなく、学校全体のことを考えて自ら取り組む姿勢や、その過程での心の成長等について記述し、認め賞賛しましょう。学習面では、行事が多く集中できない状況の中でも、粘り強く課題を解決していく様子などの自覚を促します。

〈3学期〉

　いよいよ次年度は最高学年。卒業式では在校生代表として出席するなど、その備えとして3学期はひときわ重要となります。生活面、学習面ともに、しっかりと育んだ「確かな学びと豊かな育ち」の具体的な姿を記述するよう心がけましょう。

6 小学6年生の特徴と所見文

1 小学6年生の特徴

　6年生は、子どもが大人へと成長する過渡期です。思春期を迎えていても、少し情緒も安定し豊かになってくる時期であるとともに、最高学年として、下の学年の模範になるように学校行事等の中心的役割を担い、その自覚と責任が求められることから、自己肯定感が高まる一方、少々プレッシャーを感じる児童もいます。

　生活面では、クラブや委員会活動、習い事など学校生活も忙しくなります。自分の思いを素直に言葉に表しにくい時期でもあります。また自分を客観的に見つめたり、友だちと自分を比べたりするようになります。他者の視点に対する理解や思いやり、自尊感情の育成と向上、学級や学年集団における役割の自覚や、自らの言動を律し責任感をもつこと、自分で判断し行動する力を育成することなどを、特に意識して指導にあたりたいところです。

　学習面では、抽象化、概念化ができるようになり、言葉も表現力も豊かになってきます。また、これまで積み重ねてきたことについての小学校の総まとめ、すなわち中学校へのつなぎとしての基礎を築き上げる大切な時期です。そのため、基礎的・基本的な知識・技能、それらを活用して課題を解決するために必要な思考力・判断力・表現力はもとより、特に中学校へ向けては「主体的に学習に取り組む態度」を育成することが重要になります。また、抽象的な思考活動の充実・定着、体験活動の充実や実社会への興味・関心を深めることも大切です。

　小学校を卒業し、中学校へ進学すると、学力、生活習慣、いじめ、不登校、非行など各種教育課題について、中学校側から「その原因は小学

校時代の不十分な指導にある」と指摘されることがあるかもしれません。学力面では「小学校で習った漢字が書けない」「計算力が身に付いていない」「家庭学習の習慣が付いていない」「主体的に学習に向かいにくい」等、生活面では「自立的に判断できない」「学習規律が定着していない」「規範意識が低い」等……それだけに、初等教育の完成期として成長・発達の各面における児童のゴールの姿を想定し、十分に配慮して指導にあたりたいものです。

2 学期ごとの所見文作成の配慮点

〈1学期〉

　いよいよ小学校最後の年。自ら模範となって基本的な生活習慣を守り、責任と役割を果たそうとする姿を見逃さずに見取り、認めることが、最高学年としての自覚と今後の成長につながります。年度当初に、生活面、学習面ともに1学期に育みたい具体の姿の規準を明確にもち、その規準に照らして適切な支援を行う「指導に生かす評価」を繰り返しながら、子どもの向上していく様子を記録に残して伝えることが大切です。

〈2学期〉

　3学期の小学校の確実なまとめに向けて、教科、領域それぞれのねらいに応じて到達したかどうかを評価し、つまずきがあれば具体的事実を挙げて、評価結果を子どもたちや保護者に対して丁寧に説明すると同時に、改善・達成へ向けての指導方針を伝えることで、学習状況や日常生活の様子を伝えましょう。

〈3学期〉

　卒業後も学校に保存しておく指導要録の評価の原簿ともなる評価であり、かつ進学先の中学校へも指導要録の抄本として記載し、引き継ぐことになっています。それだけに、6年生の通知表の成績記載にあたっては、各欄の所見が漏れ落ちないように注意して記入しましょう。

・第**2**章・

学びの姿（学力面）の
所見文例

1 知識・技能

 各教科で身に付けるべき知識を習得していた子

POINT 知識の評価は、各教科等における学習の過程を通した知識の習得状況について評価を行います。子どもたち自身が「わかった」という達成感を伴って確実に知識を身に付けた様子を見取り、記述しましょう。

全般 **どの教科においても学習内容を理解していた**

○ どの教科においても授業中はもちろん、家庭学習でもコツコツと努力して粘り強く復習しています。その結果、学習内容の理解が確実に進み、知識を身に付けることで達成感を味わうことができました。

全般 **間違えた問題をそのままにしてしまうことがあった**

△ 間違えた問題をそのままにしてしまうことを目にすることがありました。知識が正しく身に付くように、あきらめないでしっかりと復習するように支援していきます。

国語 **漢字の成り立ちに興味をもち、しっかりと覚えることができた**

○ 漢字の学習では、単に反復練習するのではなく漢字の成り立ちに興味をもち、漢字ごとのエピソードも一緒に理解したため、定着率がとても高く漢字テストではいつも満点を取っていました。

社会 **日本の工業について理解し、発表した**

○ 工業の学習で、日本の工業は昔から消費者の需要や社会の変化に対応した製品を生産する努力と工夫を重ねており、モノづくりの国として国際的にも認められていることを理解し、友だちにわかりやすく発表しました。

理科 **懐中電灯とボールを使って月の満ち欠けを理解した**

○ 月の満ち欠けが月と太陽の位置に関係していることを最初はなかなか理解できませんでしたが、友だちと一緒にボールと懐中電灯を使って表現し、理解を深めていました。

家庭 **栄養素の種類と働きを学び、好き嫌いがなくなった**

○ 食品には様々な栄養素があることを知り、食事は栄養のバランスを考えてとらなければならないことを理解してからは、それまで苦手だった人参もしっかりと食べることができるようになりました。

体育 **けがの予防と早く治す方法について調べ、発表した**

○ けがの予防と簡単な手当てについて学習し、理解を深めたことから、家の中で危ないところと安全に過ごす方法やどうしたら早く傷が治るのかを調べ、みんなに発表していました。

外国語 **日本語との違いを理解した**

○ 英語学習に熱心に取り組み、日本語と語順が違うことや否定文、疑問文の作り方などの文法を十分に理解することができました。また多くの単語も覚え、自分の言いたいことを英語で話すことができるようになりました。

❷ 各教科で身に付けるべき技能を習得していた子

POINT 技能の評価は、各教科等における学習の過程を通した技能の習得状況について行います。子どもたち自身が「できるようになった」という達成感を伴って確実に技能を身に付けた様子を見取り、記述しましょう。

国語 古文をすらすらと音読できていた

〇 古典の学習では、歴史的仮名づかいについて理解し、すらすらと音読できていました。また古典独時の言葉の響きやリズムが気に入って、教科書以外の古文を調べてクラスに音読を披露していました。

算数 数の関係を文字を使って一般式に表していた

〇 数の変化を表す表からaやxなどの文字を使った一般式に表すことができました。一般化することから表の数を超えたものまで予想できることのよさを感じていました。

算数 小数の乗法・除法のやり方をマスターした

〇 小数のかけ算やわり算では、整数と違って実数を意識することが難しく、最初は戸惑っていましたが、小数点を移動して計算する方法をマスターしてから速く正確に計算ができるようになりました。

理科 電磁石を丁寧に作ることができなかった

△ 電磁石の実験を行うときに、導線を丁寧に巻くことができずイライラしている様子でしたが、「時間をかけていいよ」と伝えると、がんばって電磁石を作り、みんなと実験することができました。

音楽 **調の違いに気をつけてリコーダーを演奏した**

○ リコーダーの演奏では、長調と短調の違いについて理解し、単に楽譜どおりに演奏するのではなく、音の響きに気をつけながら気持ちを込めて演奏することができました。

図画工作 **糸のこぎりを使ってうまく曲線を切っていた**

○ 木工で未来の家を考えて作るとき、糸のこぎりを使ってうまく曲線を切り抜くことができました。そして、自分が考えていた丸くて温かみのあるやさしい家を完成させることができました。

家庭 **きれいにミシン縫いができるようになった**

○ 最初はミシン縫いのコツをつかめず苦労していましたが、家で何枚も雑巾を作って練習し、スピードを調整しながらまっすぐにきれいに縫うことができるようになりました。

体育 **ハードル走をうまく走る技能を身に付けた**

○ ハードル走では、できるだけ低く跳ぶこととハードルとハードルの間を同じ歩数で走るとリズミカルに速く走ることができることを知り、一生懸命練習しました。その結果、クラスで一番のハードラーに認定されました。

外国語 **ネイティブ教員が認めるほどうまく発音できるようになった**

○ ネイティブ教員がいるときに積極的に話しかけ、何度も発音を直してもらっていました。その結果、ネイティブ教員も認めるほどうまく発音できるようになりました。

③ 授業のポイントをつかみ、内容を正確に理解していた子

全般　どの教科も要点を整理して課題解決に取り組んでいた

○　どの教科においても、学習課題に対してポイントをつかんで要点を整理しながら課題を解決しています。そのため大切な学習内容がしっかりと定着しており、学年末のテストでも高得点を取ることができました。

国語　詩の表現の工夫のポイントを整理し、理解していた

○　詩の学習では、比喩や反復、倒置法などの表現の工夫に着目し、普通の表現の場合との違いのポイントを整理していました。また、作者の主張が強く表れていることが多いことにも気づきました。

社会　国際社会における日本の役割の要点をまとめていた

○　日本に住む外国人が多くなってきていることを受け、外国と日本の文化や習慣の違いを理解しようとし、このような時代に日本が国際的に果たす役割について要点をわかりやすくまとめ、発表していました。

算数　円の面積の公式をただ単に覚えていた

△　円の面積の学習では、直径と円周、円周率の関係の要点を意味を理解せずに、公式を単に覚えるだけになってしまいました。そのため、応用問題など少し難しくなると公式が使えず面積を求められないこともありました。

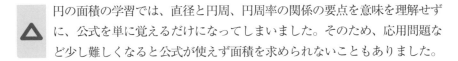

理科 | 地震のメカニズムについてポイントを的確につかんでいた

○ 地震が起こるメカニズムについて、地球上のプレートやその動きによって引き起こされるポイントを的確につかみ、理解しました。そして日本に多い理由と大地震に備えることの重要性を整理し、まとめていました。

音楽 | 曲調や歌詞の意味のポイントを整理していた

○ 歌を歌うとき、ただ単に歌詞を口ずさむのではなく曲調や歌詞の意味を考え、ポイントを整理し、曲の特徴にふさわしい表現を工夫していました。聴いている人を感動させたいという気持ちが伝わりました。

図画工作 | 観賞で文化や歴史の違いの要点を整理していた

○ 日本の絵画と外国の絵画を比較して鑑賞する時間を通して、それぞれの文化や歴史の違いの要点を整理し、表現の自由さを感じ取ることができました。自分の創作活動にも生かし、自分らしい作品を作っていました。

体育 | クロールの手足の動きとポイントをつかんだ

○ 水泳の学習では、クロールの息継ぎがうまくできず苦労していましたが、手や足の動きとタイミングを合わせるポイントをつかめるようになり、見事に500メートルを泳ぐことができるまでになりました。

外国語 | 自己紹介をするのに必要なポイントをつかんでいた

○ 「Hello, everyone」の授業では、自己紹介で自分の好きなものなどを英語で伝えるために、単語カードを作って練習し、ポイントをつかみました。ALTにも積極的に話しかけ、みんなの見本になっていました。

❹ わからないことがあれば質問し、理解を確実なものにしていた子

POINT

メタ認知的に「わからないことがわかる」というのは、主体的に学んでいく際にとても大切な姿です。質問して疑問を確実に解決する態度を大いにほめ、探究する態度を伸長するような記述を心がけましょう。

全般 積極的に質問して疑問を解決していた

◯ 授業中にわからないことがあれば必ず質問し、その時間中に疑問を解決するように心がけていました。自分が納得しているので学習内容をよりよく理解し、確実に定着させていました。

全般 友だちに声をかけ、わからないことを聞いていた

◯ 自分でじっくりと考えても解き方がわからない問題があったときには、友だちに「教えて」と自分から声をかけ、説明を聞いている姿をよく見かけました。その積み重ねが○○さんの理解の定着につながっています。

国語 知らない言葉を調べたり質問したりしていた

◯ 自分の知らない言葉が出てきたときに、そのまま放置しておくのではなく、質問したり辞書で調べたりして意味を正しく理解しようとしていました。そのため、語彙量が豊富です。

社会 SNS の使い方をしっかりと学習していた

◯ 企業の方から SNS の使い方や注意すべきことを教えてもらう機会があったとき、自分にとって大事なことだからと、わからないことは積極的に質問するなど理解を深めていました。

算数 割合の学習について質問していた

⭕ 割合の学習で「全体を 1 と考える」ことがどうしてもわからないと質問してくれたおかげで、あいまいにしかわかっていなかった友だちも理解が深まることになりました。

理科 温室効果ガスについて質問していた

⭕ 透明な二酸化炭素などの温室効果ガスが、どうして地球温暖化に影響があるのかわからないと理科の先生に質問していました。科学的で難しい内容でしたが、一生懸命理解しようとしていました。

音楽 合唱の仕方を質問していた

⭕ 合唱コンクールで優勝したいと思い、音楽の先生にどのように工夫したらうまく思いが伝わるのか質問していました。一番伝えたいことは何かをクラスみんなで考えることが大事だと聞き、みんなに呼びかけていました。

図画工作 描き方を質問することができなかった

△ 写生大会では、自分の思いどおりに描くことができないとあきらめてしまいました。「図工の先生に質問して描こう」と呼びかけることで、何とか自分から質問をして描き方を理解して進めました。

外国語 よりわかりやすい言い方を質問していた

⭕ 「Where is the gym ?」の授業では、道をたずねられたときの答え方を単に覚えるだけでなく、ネイティブ教員にどのように説明したらわかりやすいかをインタビューし、気をつけるポイントなどをまとめていました。

❺ 目的をもって、反復練習に取り組んでいた子

全般 毎日コツコツ日記をつけることができた

○ 4月に「書く力をつけるために3行日記を毎日続ける」と目標を立て、書くことを見つけてはコツコツと続けました。「継続は力なり」と言いますが、とても立派なことです。学年が変わっても続けてほしいと思います。

国語 小学校で習う漢字をすべて覚えた

○ 小学校で習う漢字を完璧に覚えて普段から使えるようになりたいと、自らドリルを買って学習に取り組みました。覚えていない漢字があったときは何度も練習し、漢字テストでは見事に100点をとりました。

社会 歴史上の人物の名前を覚えた

○ 歴史上の人物の名前を漢字で覚えるという目標を立てました。間違えるたびにノートに練習を繰り返し、すべて覚えることができました。また名前だけでなく、歴史上何をしたのかもしっかりと覚えることができました。

算数 異分母の最小公倍数をすばやく見つけられるようになった

○ 分数の足し算引き算では、分母の最小公倍数を見つけることに時間がかかり苦手意識をもっていましたが、何度も反復練習を繰り返し、自分なりのコツをつかんだようで正しく計算することができるようになりました。

理科 てこの原理が理解できなかった

 てこの学習では、力点・支点・作用点の関係をなかなか理解できず、身近な物からてこを見つけることも積極的に取り組めませんでした。なぜ、この学習をするのか、目的をもって取り組むと、きっと理解できます。

音楽 合奏の担当パートの楽器を何度も練習した

合奏ではたくさんの拍手をもらいたいと願っていました。木琴を担当し、難しいところは同じ楽器の友だちと休憩時間に誘い合って何度も練習しました。その成果を発揮して見事な演奏を披露することができました。

家庭 包丁の使い方を練習した

調理実習では、包丁を使うのを怖がって、食材をうまく切ることができませんでした。包丁を使えるようになりたいと思い、日頃から家でもがんばって練習した結果、みじん切りなどもうまくできるようになりました。

体育 休み時間も友だちと練習した

バレーボールでは「手が痛い」と消極的でしたが、チームで協力して勝つという目標をもってからは気持ちを入れ替え、休み時間も練習していました。とても正確なパスができるようになり、チームの勝利に貢献しました。

外国語 何度も動画を見てリスニングとスピーキングの練習をした

正確に発音したいという思いが強く、タブレットを使って教科書の QR コードを読み取り、動画を何度も見てリスニングとスピーキングの練習をしていました。とてもスムーズな発音に ALT からほめられていました。

⑥ 自分なりに工夫して
わかりやすいノートを作っていた子

POINT ただ板書を写すだけでなく、自分にとって授業のポイントが明確になるようなノートを作ることで、知識・技能の獲得につながります。友達の意見を書き加えるなど、工夫して取り組んでいる様子を記述しましょう。

全般 自分なりにルールを決めて色分けしたノートを作っていた

○ 自分の意見は黒色、友だちの意見を聞いて考えた意見は青色、大事なところは赤色と自分でルールを決めてきれいに色分けしたノートを作っていました。後で見返してもとてもわかりやすいノートになっています。

全般 枠や矢印を使い、ポイントがわかりやすいノートを作っていた

○ どの教科のノートも大事なところを枠で囲ったり、関係のあるところを矢印で結んだり工夫がされていて、学習内容のポイントがわかりやすいノートになっていました。真似をする友だちもたくさん出てきました。

国語 自分で「読書ノート」を作っていた

○ 自分が読んだ本をまとめる「読書ノート」を作り、題名や作者、ジャンルや読んだ日、簡単な感想をまとめていました。ただ読んだだけで終わるのではないので、読書から得た知識が身に付いています。

社会 年表スペースで時代の流れがわかりやすいノートを作った

○ 社会科の学習では、ノートに貴族や武士の時代を色分けするなどの工夫をした「年表スペース」を作り、今学習している時代や時代の繋がりなどが一目でわかりやすいノートを作り、知識を定着させていました。

算数 **方眼ノートを使って綺麗にまとめていた**

○ みんなが罫線ノートを使うなか、方眼ノートを使い、位を意識した丁寧な
ノートを作りました。特に、筆算を書くときは誰よりもわかりやすく計算
ミスをしないことにつながっていました。

算数 **自分の言葉や図を書き込んだノートを作っていた**

○ 問題の解き方を自分の言葉で説明し、式や図を書き込んだ工夫されたノー
トを作っていました。また、そのノートを使ってわからない友だちに教え
ながら一層自分の技能の獲得を確かなものにしていました。

理科 **人体についての図をわかりやすく描いていた**

○ 人の体のつくりについて、呼吸のことや消化・吸収・排泄の関係がわかる
図を描いていました。それぞれの臓器についても簡単に説明されていて、
テスト前に何度も見返し、見事に点数につなげていました。

体育 **クラブの練習ノートのようなノートを作っていた**

○ リレーの学習では、毎回タイムだけでなく、自分やチームががんばったこ
と、反省点と次の目標などをノートに書き込みました。成果がタイムに表
れ、まるで中高生のクラブの練習ノートのようで素晴らしいものでした。

外国語 **工夫したノート作りができなかった**

△ 英語の学習では、どうしても板書を写すだけなので、なかなか定着してい
きませんでした。大事なポイントにマーカーを引いたり、コメントを入れ
たりしながら、一つひとつを授業内で押さえるようにしましょう。

❼ 自分の考えを絵・図・表・グラフ等に整理することができていた子

全般 イラストや図、表を効果的に使っていた

○ どの教科においても、学習課題に対して、まず、図や表、グラフなどを用いて、根拠を明確にした上で、自分の考えを文章にまとめています。友だちに伝えるときに、とてもわかりやすいと好評です。

国語 枕草子の情景を絵で表していた

○ 枕草子の学習では、春のあけぼのや夏の夜に蛍が飛んでいる様子などを絵で表し、清少納言が「をかし」と思った風景をよりよく感じ取ろうと工夫していました。

社会 食糧生産の変化を図やグラフでうまく表現していた

○ 食糧生産について、過去と現在を比較して生産者の工夫を知る学習では、生産量の変化を図やグラフでうまく表現し、生産量が増加している理由をわかりやすく説明していました。

算数 分数の計算の意味を図を描いて説明していた

○ 分数÷分数の計算では、計算の仕方だけではなく意味を理解するために図を描いてみんなに説明していました。「元の分数の中に割る分数がいくつあるかで考える」説明はわかりやすく、みんな納得していました。

算数 グラフの特徴をしっかりと理解できていなかった

△ 小学校で学習するグラフの特徴について、連続的な変化は折れ線グラフ、割合は円グラフか帯グラフなどしっかりと理解できていないため、目的には合わないグラフを使ってしまうことがありました。

理科 振り子の実験結果を表にまとめた

○ 振り子の学習で、振り子の往復する時間に関係することを調べる実験をして結果を表にまとめました。そして、おもりの重さが関係なく振り子の長さによって往復の時間が決まることを理解することができました。

家庭 献立の栄養を円グラフでわかりやすく示した

○ 朝ごはんの献立を考えたとき、見た目やおいしさ以外に栄養についてもしっかりと考えられていて、そのバランスについて円グラフでわかりやすく示していました。

体育 病気について調べ、表にまとめた

○ 病気について調べ、病気の主な原因が病原体と生活行動とに分かれることを知り、それぞれどのように予防すればいいか、かかってしまった場合はどうすればいいかなどを表にまとめました。

外国語 イラストを描いて単語を覚えていた

○ 絵を描くことが得意な○○さんは英単語を覚えるときにわかりやすいように単語の意味するものをイラストで描いていました。とてもイメージしやすいので友だちからも評判でした。

❽ 目的に応じて ICT 機器等を上手に活用し、調べることができていた子

POINT

単に関心を惹くためではなく、目的を明確にして ICT を有効に活用すれば、理解が深まったりアナログではできないことができたりします。知識や技能の獲得に有意義な使い方を認め、大いに賞賛しましょう。

全般 真偽を確認しながら調べることができた

◎ インターネットを使って調べたとき、Web 上に載っていることがそのまま正しいと鵜呑みにするのではなく、真偽を確かめるために複数の情報を得ることが重要であることを理解しながら調べることができました。

国語 タブレット PC を使って文章の推敲をしていた

◎ 作文の授業では、タブレット PC の「切り取り」と「貼り付け」の機能を使って文章の推敲を重ね、自分の言いたいことがよく伝わる文章を完成させることができました。

社会 プレゼンソフトを使って歴史上の人物の紹介をした

◎ プレゼンソフトを使って、歴史上の人物の紹介を行いました。インターネットで見つけた写真や自分でまとめた動画などを効果的に使い、魅力的でわかりやすい発表を行うことができました。

算数 タブレット PC を使ってグラフを描いたり平均値を出したりした

◎ スプレッドシートソフトウェアを使って、比例の表を作りグラフに表したり、クラスのみんなの 100m 走の記録を入力してリレーチームの平均値を出したりするなど、効果的に活用していました。

理科 プログラミングで自動水やり装置を作った

○ プログラミング学習では、何度も失敗しながらも試行錯誤を繰り返し、ある時刻になったり、植木鉢の土が乾燥したりすると自動で水をあげる簡単な装置を作り、みんなを驚かせていました。

図画工作 コンピュータを使ったコラージュを楽しんで取り組んだ

○ コンピュータを使ったコラージュの授業では、最初はコンピュータの操作に戸惑っていましたが、慣れてくると、実際に材料を用意する手間がなくていいと豊かな発想力を生かし、どんどん作品を完成させていました。

家庭 ネット通販の広告と折込広告の違いを比べ、まとめた

○ 消費生活の学習では、タブレットPCを使ってネット通販を調べて折込広告との比較を行い、何が違うのか、その違いはどうしてなのかを調べてわかりやすくまとめ、説得力ある発表をしていました。

体育 ICTを活用してチームの作戦を立てていた

○ バスケットボールの授業では、チームで作戦を考えるとき、インターネットを使ってプロのプレーを調べたり、校内SNSを使って作戦を立てるなどICTを効果的に活用していました。

外国語 英語で検索すると、とても多くヒットすることに気づいた

○ 世界の人々が「オリンピック」について関心があるのかを調べるときに「Olympics」と英語で調べると、ヒット数が日本語と比べて約3倍になることを発見し、英語で調べたほうが情報量が多いことに気づきました。

❾ 既習事項や既存の知識・技能を 関連付けて理解していた子

国語 説明文の構成に着目して筆者の主張をうまく読み取っていた

○ 説明文の学習では、文の構成に着目し、筆者の主張をうまく読み取ることができました。その構成を活用して、自分で説明文を書くときにも、言いたいことと例のバランスがよいわかりやすい説明文を書いていました。

国語 知っている漢字もひらがなで書いていた

△ 文章を書くときに、既習で知っている漢字にもかかわらず、ひらがなで書いていることがありました。漢字には意味があり、読みやすい文章を作るために必要であることを伝えていきます。

算数 平行四辺形などの面積を工夫して求めていた

○ 既習の知識を生かして、平行四辺形や台形の面積を工夫して求めることができました。また、公式の意味をしっかりと理解していて、どんな問題でもすばやく正しく面積を求めることができていました。

算数 整数の計算の仕方をもとに少数の計算もできた

○ 既習の整数の乗法・除法の計算の仕方をもとにして、小数×整数や小数÷整数の仕組みを理解し、小数点の位置に注意して、正しく計算することができました。

理科 今までやってきた実験の手法を生かして計画を立てていた

○ 水溶液の性質を調べる実験では、今までやってきた実験の手法や注意することを思い出し、自分で仮説を立てて実験計画を作ることができました。実際に安全に実験し、結果をまとめることができました。

音楽 箏とピアノを使った曲を作曲した

○ 4年生のときに経験した箏が好きで、ピアノが弾ける友だちと協力して、箏とピアノを融合させた作曲を行いました。発表会では和洋折衷の新しい雰囲気の曲にクラス中から大きな拍手をもらい、うれしそうでした。

体育 前の学年で取り組んだ学習をもとにダンスを創作した

○ 表現活動の創作のパートでは、前の学年で取り組んだソーラン節をもとにした楽しくて迫力のあるダンスを考えていました。チームの息もぴったりで素晴らしいダンスを披露してくれました。

外国語 会話を楽しめたのでもっと英語を勉強したくなった

○ 4年生までに習った英語の表現を思い出しながら、5年生でどんな会話を学習するのかとても興味をもって新たな表現に取り組みました。どんどん既習の表現とつながって、ALTとの会話が弾みました。

総合的な学習 グラフをうまく活用してプレゼンしていた

○ 「自分の宝物」をプレゼンする時間には、算数で習った円グラフ棒グラフを使うといいのではと関連付けて資料を作成し、相手に伝わりやすい、とても説得力のある発表ができていました。

⑩ 習得した知識・技能を　他の学習や生活場面でも活用できていた子

POINT 他の学習や生活の場面でも活用できる程度に概念等を理解したり、技能を習得したりしているかが大切なポイントです。カリキュラム・マネジメントを通して活用できる場面を位置付け、その姿を具体的に記述しましょう。

国語　なかなか読書ができなかった

国語の時間にビブリオバトルを行い、みんなが紹介していた本を読んでいきたいと振り返っていましたが、実際に読書をするまでには至りませんでした。時間を見つけて本を読むように進めていきます。

社会　世界と日本の関係について学んだ

〇 世界と日本の関係について学び、海外からの日本の歴史や文化に対する関心が高いことを知り、とても誇りに思うと同時に、修学旅行先の外国の人に紹介できるように、しっかりとまとめていました。

音楽　日本舞踊で学んだことを生活の中でも実践した

〇 音楽科の授業で取り組んだ日本舞踊を通して、着付けの仕方や挨拶の仕方など、日本の古き良き文化にとても興味をもちました。休み時間にALTのところに行き、実際にそのよさを知ってもらおうと話していました。

家庭　栄養を考えた献立を考え、家で実際に作ってみた

〇 学校で栄養について習った後、家で夕食の献立を考えて、お母さんと一緒に実際に作っていました。とてもおいしく、栄養バランスの考えられた食事となり、家族に喜んでもらえたとうれしそうに話してくれました。

体育 ## 病気にならないために努力していた

○ 病気の予防には、「病原体を体に入れないこと」と「体の抵抗力を高めること」が大事であることを知り、今まで以上に手洗いうがいや早く寝ることを進んで実践し、1年間休むことなく元気に登校できました。

体育 ## たばこの害を習い、親に禁煙をすすめた

○ 喫煙や過度の飲酒が健康を損なう可能性があることを習い、家で父親に禁煙をすすめました。「最近はお父さんのたばこの量が減ってきた」とうれしそうに話してくれました。

外国語 ## 習った英語を使って観光客に道順を説明した

○ 学校で習った英語を使って、家の近所で道がわからず困っている外国人の観光客に道順を説明することができました。ジェスチャーを交えて一生懸命説明し、わかってもらえたととても喜んでいました。

総合的な学習 ## SDGs の課題を自分たちの問題として考えていた

○ 地球温暖化や環境についての学習を通して地球や自分たちの生活の現状を正しく理解し、社会の一員として未来を変えるために自分たちができる行動は何か、学習発表会で地域の人たちに呼びかけていました。

総合的な学習 ## 茶道を通しておもてなしの心を学んだ

○ 茶道の時間におもてなしの心を学びました。美しい姿勢でお辞儀をすることや美しい言葉であいさつすることを通して、茶道の中にある相手を敬う心や感謝の心をもって人と接するようになったと振り返っていました。

2 思考・判断・表現

❶ 根拠ある予想や仮説を発想し、問題解決していた子

POINT

問題解決的な学習を進めていくためには、学習課題について自分の予想や仮説をもつことが大切です。各教科の見方・考え方を働かせた根拠ある予想や仮説をもち、問題意識が連続して解決に向かっている様子を記述します。

全般 既習事項を活かし自分の予想を簡潔に説明していた

○ どの教科の学習においても、学習課題を的確につかみ、既習事項をもとに類推し、予想や課題を立てています。根拠や理由を明確にしながら自分の予想や仮説を説明していました。

全般 予想や仮説をもつことが苦手だった

△ 課題に対して予想や仮説などをもてたときは、解決に向けて熱心に取り組むことができています。自分で想定できないときもあきらめずに予想を立てて取り組む力を身に付けていきましょう。

国語 情景描写から登場人物の心情を予想していた

○ 登場人物の心情を読み取る学習課題に対して、情景描写を手掛かりに心情を予想し、発表しました。根拠が明確であるので○○さんの説明は納得できるとたくさんの友だちから支持されています。

社会 根拠ある予想をもとに調べていた

○ 低い土地の暮らしの学習で「どのような暮らしの工夫をしているのか」という課題について、地形の様子から予想を立て、「水害に備えた工夫をしているのではないか」と自分の考えを発表していました。

算数 学習したことを使って計算の仕方を考えた

○ 小数のかけ算の学習で、整数同士のかけ算と同じやり方で計算できるのではないかと思いつき、小数を整数にする工夫をして自分なりに計算の仕方を考え、友だちに説明していました。

理科 既習事項をもとに予想を立てて実験をしていた

○ 電磁石の性質の学習で、電池を直列につないだら豆電球が明るくなったことを思い出し、電磁石でも電池を直列につなぐと磁石が強くなるのではないかと予想を立てて、実験で確かめていました。

体育 得点を取るための作戦を立てて練習した

○ バスケットボールの学習で、守備から攻撃に移るとき、味方のいるところにパスをするのではなく、空いたところにボールを投げ、そこへボールを取りに行くようにすればよいと考え、チームで何度も練習していました。

外国語 初めて見たスペルを予測して発音できた

○ 英語では、フォニックスの学習をしています。基礎的な発音とルールを組み合わせることで、単語の発音を学習したことから、知らない単語の発音も予測して読むことができました。

❷ 見通しをもって、筋道を立てて考えていた（説明していた）子

全般 筋道を立ててわかりやすく説明していた

◯ どの教科の学習でも、意見を発表するときに自分が考えた道筋を順序立てて説明することができています。みんなからいつも○○さんの説明はわかりやすいと賞賛されました。

全般 見通しを立てて取り組むことが苦手だった

▲ いろいろなことに関心が高く、学習に積極的に取り組もうとしていますが、課題に対して、見通しを立てて取り組むことが苦手なようです。難しく考えず、これまでに学習したことをもとに考えてみましょう。

国語 図を入れてわかりやすい説明文を書いた

◯ 説明文を書く学習をしました。相手に伝えるために、あらかじめ伝えたいことを明確にして図やイラストに表し、説明する文と自分の考えを組み合わせて、わかりやすい説明文を完成させました。

社会 主食のコメは、他にも利用されていることを調べて発表した

◯ コメは全国各地で作られているので、主食として食べられているだけでなく、他にも利用されているのだろうと考え、日本各地で酒や調味料など独自に加工され、食べられてきたことを調べて発表していました。

算数 ## 既習事項の考え方を新しいやり方で工夫した

○ 図形の角を調べる学習で、三角形の内角の和が180°になることから、四角形や五角形などの多角形の内角の和を求めるには、三角形に分けて考えればよいことに気づき、自分の考え方を説明していました。

理科 ## 生活経験を生かして実験方法を考えた

○ てこのはたらきの学習で、公園のシーソーで遊んだ経験をもとに、おもりの重さやおもりをつるす位置が関係していると考え、左右が釣り合う組み合わせを試しながら何度も繰り返し実験していました。

図画工作 ## 仕上がりのイメージをもって彩色していた

○ 図工の作品作りに一生懸命取り組んでいました。絵画では、こんな仕上がりにしたいとはっきりとした出来上がりのイメージをもち、納得できる色ができるまで何度も混色を試して作品作りをしていました。

体育 ## 鉄棒発表会に向けて自分の弱点を克服していた

○ 鉄棒の連続技の発表会を行いました。できる技を組み合わせて自分の連続技を作りました。つなぎ技がうまくできませんでしたが、副読本や友だちの技を参考にしながら、つなぎ技を工夫して連続技を完成しました。

外国語 ## 「I like ～」「I can ～」を使った自己紹介を考えた

○ 英語で自己紹介をしました。生年月日や「I like ～」「I can ～」などこれまでに学んだ表現と、単語を使えば自分を紹介することができると考え、グループの友だちに自己紹介文の作り方を説明していました。

③ 身に付けた知識や技能を活用して考え判断し、課題を解決していた子

POINT
「思考・判断・表現」は、身に付けた知識及び技能を活用してよりよく課題を解決するために必要な力を評価する観点です。課題を解決していく過程において教科等で身に付けた知識・技能を活用されているかを見取り、具体的な様子を記述します。

全般 学習課題の解決に向け、既習内容を活用できていた

○ どの教科の授業でも、その時間の学習課題を解決しようと、これまでに学習したことや他の教科で学習したことを思い起こし、自分の考えや意見をもって学習に取り組んでいます。

全般 学習課題の解決に、学習したことを活用できていない

△ 各教科の授業で、学習課題をつかみ、見通しをもって学習に取り組もうとしていますが、自分の考えをもつことが難しいようです。これまでに学習したことを生かせないかと考えながら解決に向かってみましょう。

国語 俳句のルールを理解して、俳句を学んだ

○ 俳句の学習で、一枚の写真からイメージを広げ俳句を作りました。季語を入れる、5・7・5の調子を守るなどルールに従って作品を作り、鑑賞会では、俳句のルールを踏まえて友だちの俳句の感想を発表していました。

社会 以前の学習をもとに、働く人の願いや思いを予想した

○ 自動車工場で働く人の思いや願いについての学習では、農家の人たちが食べる人のことを考えて作っていることを想起し、同じモノづくりの仕事なので、使う人のことを考えて作っているのだろうと考え発表しました。

算数 整数のかけ算から分数のかけ算の仕方を考えた

○ 分数のかけ算の学習では、かける数が分数の場合の計算の仕方について、整数どうしのかけ算と同じやり方でできるのではないかと考え、図や数直線を使って説明を考えようとしていました。

理科 以前の実験をもとに実験方法を考えた

○ 植物の成長の学習で、葉が養分をつくる働きを調べる実験をしました。実験の方法を考える学習では、発芽の条件を調べる実験を応用して、比較して実験する方法を考え、発表しました。

図画工作 彫刻刀の種類や彫り方を工夫して作品を仕上げた

○ 5年生の版画の経験から出来上がりをイメージして、彫りの長さや深さ、向きなど、彫刻刀の種類や彫刻刀の使い方を工夫して、素敵な作品を仕上げることができました。

外国語 学習したフレーズを使って英語で自己紹介した

○ 自分の将来の夢を英語で発表する学習をしました。これまでに学習したフレーズや単語の組み合わせを工夫して文章を作り、自分の夢を紹介をすることができました。

総合的な学習 アンケート結果をグラフに表して考えた

○ 全校児童を対象にして、生活調べのアンケートを行いました。収集したデータについて、各学年の傾向を比べるために、割合を計算して帯グラフを作成してわかりやすくまとめ、考えを深めていました。

④ 理由や根拠を明らかにして、相手を意識しながら

自分の考えを発言できていた子

POINT

理由や根拠に基づいて自分なりの考えをもてば、他者がどのような理由でどんな意見をもっているのか知りたくなります。相手を意識しながら双方向に考えを伝え合っている姿を記述や発言の様子から具体的に記述します。

全般 考えや意見だけでなく、その理由や根拠を伝えていた

〇 どの授業でも学習課題について、しっかり考え、自分の意見をもとうとしています。グループや学級全体での学び合いでは、自分の意見や考えだけでなく、そのように考えた理由や根拠をしっかり伝えていました。

国語 要約文の発表の際、自分の要約の方法を伝えた

〇 説明文の学習で、何度も出てくる言葉や接続詞に着目して段落を要約したことを、自分の書いた要約文を示しながら、班のメンバーに伝えていました。友だちからは「わかりやすかった」という感想をもらいました。

社会 教科書の図を示しながら、自分の考えを説明した

〇 自動車工場の学習で、組み立て工場と関連工場の連携について、必要な部品をそれぞれの専門の会社が作って、必要に応じて運んでいるので、質が高く無駄のない生産ができていることを図を使って説明していました。

算数 自分の考え方を図に示して、説明した

〇 わる数が分数の場合のわり算の計算の仕方について、なぜ、このような方法で計算できるかを、図に描いて順序立てて説明しました。班の友だちから推薦され、クラスで皆の前で、わかりやすく発表しました。

理科 **わかりやすいイラストを描いて、自分の考えを説明した**

○ 流れる水のはたらきの学習で、川に積もった土砂の様子をイラストにして曲がっている川の外側の流れが強く速いことを説明し、友だちから「よくわかった」と称賛されました。

図画工作 **自分が感じたことの理由を考え、伝えていた**

○ 日本の伝統的な絵画である水墨画を鑑賞しました。墨の濃淡だけで描かれた作品を見て、濃淡だけでも実際の色が見えてくるようだと、自分の見つけた作品のよさを伝えていました。

家庭 **生活経験をもとに考え、自分の意見の理由を説明した**

○ 身近な物の選び方や買い方を学習しました。お店で買い物をするときには、安いからという理由だけでなく、いつ、どこでどのように使うのかを考えて選ぶことが、無駄にならないと自分の考えを伝えていました。

体育 **撮影した自分の動きをもとに、よりよいフォームを工夫した**

○ ハードルの学習でハードリングの様子をタブレットで撮影し、跳び越そうとするときに、低くまたぎ越す感じにすれば、タイムを縮められるはずだと、撮影した映像を見せながら説明しました。

総合的な学習 **命を第一に考え、行動すると発言した**

○ 防災の学習で、命を守ることを第一に「まだ、大丈夫だろう」ではなく、「大変なことになるかもしれない」と考え、気象情報に基づいて、早めに避難行動を開始することが大切だと発言しました。

❺ 図・表・グラフ・資料等を使って、適切に判断したりわかりやすく発表したりできていた子

POINT

思考・判断するためには、根拠となる資料等が欠かせません。また、思考・判断したことについて、相手を意識してわかりやすく表現することも大切です。ノートの記述や新聞・ポスター等の成果物、発表内容等から具体的な姿を取り上げます。

国語 選んだ図を解説するわかりやすい文章を書いた

⭕ 「『鳥獣戯画』を読む」の学習で、実際の作品について、詳しく説明されていてわかりやすかったことに感心し、自分の選んだ資料を解説する文章を読み手に伝わるように表現や構成を工夫して仕上げていました。

社会 グラフを正しく読み取り、自分の考えを説明した

⭕ 日本のこれからのコメ作りを考える学習で、農業の従事者の数と年齢の推移のグラフから、このままでは、コメ作りをする人がいなくなるのではないかと、資料から読み取ったことをもとに考えて発表していました。

社会 図や表にまとめることで、比べて表すことができる

🔺 戦国の世を統一した3人の武将について、新聞にまとめました。文章と似顔絵のイラストだけでなく、図や年表を使ったり比較したりするともっとわかりやすい新聞になるでしょう。

算数 表を適切に読み取り、考えを図に表した

⭕ 伴って変わる2つの量の学習で、表から2つの量が比例の関係であることを読み取り、2つの量の関係を式で表しました。自分の考えを図に表してわかりやすく発表していました。

理科 **雲の動きの映像から天気予報を発表した**

○ 天気の変わり方について、気象情報として提供されている映像から雲の動きや量に着目して、お天気キャスターのように、天気予報にしてわかりやすく発表していました。

家庭 **自分の考えを図に表してわかりやすく説明した**

○ 住まいの整理・整頓や清掃の仕方の学習で、自分の部屋の整理の仕方を考えました。部屋や机の引き出しの様子を図に描いて、考えた効率的な片付け方についてグループの友だちに伝えていました。

体育 **作戦ボードを使って、考えた作戦を説明した**

○ ゴール型ゲームの学習で、ゴールしたりゴールを防いだりするための方策を作戦ボードを使って、一人一人の動きを示しながらチームのメンバーに説明し、作戦を相談して楽しく取り組みました。

外国語 **発表用の図を作成して、自分の思い出を伝えた**

○ 小学校の思い出を英語で伝え合う学習で、修学旅行のことを伝えようと考え、簡単な単語を選んで写真やパンフレットから発表用のシートを作成し、自分の思い出を伝えていました。

総合的な学習 **調べたことを図や表にまとめて発表した**

○ 環境の学習で校区にある川について調べてまとめました。水質調査の結果や捨てられているゴミの様子をグラフや写真にしてまとめ、ポスターセッションで考えたことを発表していました。

6 対話を通して、自分の思いや考えを広げたり深めたりしていた子

POINT 「深い学び」に誘うためには、他者との対話が欠かせません。友だちなどとの対話後に、自分の考えを再構築したり新しい考えを発見したりしている様子を記述します。対話後の自己の考えの変容を書けるように振り返りを設定することも有効です。

全般 ## 話し合いの学習で、よりよい考えをもった

○ どの教科の授業でも課題に向き合い、自分なりに解決していこうと学習しています。各自の考えを話し合う学習では、友だちの考えにしっかり耳を傾け、自分の考えをよりよいものにしていこうとしています。

全般 ## 人の意見を聴くことが少なく、考えを広げられなかった

△ 興味・関心が高く、豊かな知識をもっています。話し合いの場でもよく意見を発表しますが、聴くことは苦手なようです。友だちの考えに耳を傾けて考えることで自分の考えをさらに広げることができます。

国語 ## 話し合いを通して、様々な考え方があることに気づいた

○ 国語の学習で登場人物の心情について考えました。班での話し合いでは、情景描写から登場人物の気持ちを想像したという友だちの考えに、同じ場面でも様々な考え方があることに気づいたようです。

社会 ## 友だちとの話し合いで、自分のこととして考えを広めた

○ 日本の食料生産の学習で、安定した食料生産をするための話し合いで、生産者の問題だけでなく、それを消費している自分たちのこととして解決していく問題であると、それぞれの意見を関連づけてまとめていました。

算数 自分の考えをもとに話し合い、考えを深めた

○ 倍数と約数の学習で、公倍数や公約数を見つける方法を考えました。グループでの話し合いでは、友だちのやり方を聞いて、「なるほど、そのほうが簡単に見つけられる」と考えを見直していました。

理科 話し合いを通して、自分の考えを深めた

○ 地球上の植物や動物は、深く関係し合いながら生きていると考えました。植物や動物も大地、水、太陽がなければ生きていけないという考えを聞き、やはりみんなつながっているのだとその妥当性を確かめていました。

家庭 自分の考えに友だちの考えを取り入れた

○ 季節の変化に合わせた夏の住まい方や衣服の着方の学習で、各自が調べてきたことを発表し合いました。みんなの考えを関連づけて昔の人の暮らし方の知恵を、新しい技術に取り入れていくことが大切だと考えました。

体育 思いを出し合う中で、各自の得意を活かす作戦を考えた

○ バスケットボールの学習で、チームの作戦を話し合いました。チームのメンバーの考えや思いを出し合う中で、各自の得意なことを活かして攻める人、守る人など役割分担をすればいいと作戦を立て直しました。

総合的な学習 対話を通して、自分の物の見方が広がった

○ 校区にある福祉施設を見学し、利用者が使いやすく工夫されていることに関心をもちました。学び合いで職員や利用者の願いや気持ちを聞き取った発表を聞いて、人の気持ちを考えるようにしようと振り返っていました。

❼ 自分の考えとの共通点や相違点に気づくことができていた子

POINT 対話のねらいは、課題に対して各自の考えを出し合い、より深い学びを実現することにあります。友だちの考えと比較して共通点や相違点を見つけ出し、考えを整理してまとめることが大切です。発言や振り返りの記述から具体的な姿を見取ります。

全般 友だちの考えと自分の考えをつなげて発表した

〇 どの教科の授業でもよく考え、自分の意見を発表します。特に、「〇〇さんの考えと違って……」など、友だちの意見を引き合いにして発表する姿をよく見かけます。

全般 人の意見をあまり聞かず、自分の意見を主張していた

△ 課題に対してしっかり考え、自分の意見をもとうとしていますが、同じような意見でも、自分の考えばかりを主張する様子が見られます。共通点や相違点を聞き分けることを大切にして考えを広げていきましょう。

国語 同じ意見でも、理由に違いがあることを知った

〇 物語の学習で、ある情景描写から「闘争心」という主人公の心を想像しましたが、別の叙述から「むしろ落ち着いている」という心の変化を読み取った意見を聞いて、いろいろな捉え方があるとうなづいていました。

社会 具体的な政策が違っても、その政策の共通点を見つけた

〇 豊臣秀吉が行った政策を調べました。様々な政策とその内容を発表し合う学習で、どの政策も民衆を支配するために考え出されたものであるという共通点を見つけ出していました。

算数 同じ内容を伝えるにも、異なる見方があることに気づいた

○ 単位量あたりの大きさの学習で、混み具合を考えました。同じ面積でたくさんいるほうが混んでいると考えましたが、意見交流では、同じ人数で面積が狭い場合も混んでいると考えられることに気づきました。

理科 実験方法が違っても、同じ結果になることに気づいた

○ 各グループで方法を考え、電磁石の強さを調べる実験をしました。結果の発表では、実験の方法が違っても結果が同じになることがわかり、いろいろなやり方を試してみることは大事なことだと振り返っていました。

音楽 共通点や相違点を話し合い、自分たちのリズムを作った

○ 打楽器を使ってグループで、リズムづくりの学習をしました。各自が作ったリズムを発表し合い、同じところや違うところを見つけ、話し合いをしながらグループのリズムを作り、発表することができました。

家庭 考えの違いに気づき、自分の考えを広げた

○ 身近な物の選び方や買い方について話し合いました。安くてよいものを選ぶことが大事だと考えていましたが、環境に配慮した製品を選ぶことも大切だと、違った考えに気づくことができました。

外国語 英語での表現の共通点や相違点に気づいた

○ 英語で将来の夢を発表をする学習で、友だちの発表を聞き、同じ夢について伝える場合でも、表現の共通点や相違点を見つけ、様々な表現ができることに気づき、いろいろな表現ができるようになりたいと振り返りました。

❽ 学び合いを通して、多様な意見をつなげて考えられる子

全般 友だちの発表を聞いて、自分なりの考えをまとめた

〇 授業中の話し合いでは、あまり積極的に発言はしませんが、友だちの発言をしっかり聞いて、それぞれのいいところをつないでまとめ、もう一度自分の考えを見直し、課題についての考えをノートに修正していました。

全般 友だちの意見を取り入れることが苦手だった

△ 学び合いの場面では、積極的に自分の考えを発表しています。目の付け所はとてもよいので、友だちの考えをうまく取り入れられるようになると、もっと考えを広げることができるようになると思います。

国語 考えの違いに気づき、自分の考えを深められた

〇 文章の要旨を捉える学習でキーワードは同じでも、それを選び出した理由が違ったり、理由は同じでもキーワードが違ったりして、同じものでも様々な捉え方があると自分の考えを深めました。

社会 学び合いで出された意見をまとめて、考えを作った

〇 これからの農業について、高齢化、後継ぎの不在、外国産の安い農作物の輸入、食品の安全など様々な課題があること知り、一人一人が自分の問題として考え、話し合って解決していくことが大切だと考えました。

算数 ◯ いろいろな考え方も、その根本は同じであることに気づいた

台形の面積を求める学習で、一人一人の考えを出し合って検討しました。いろいろな考え方があるけれど、どのやり方も平行四辺形など、今まで学習した形に変えて求めていることに気づきました。

理科 ◯ 多様な考えを取り入れ、グループの考えをまとめた

グループで仮説を立て、実験の方法について話し合い、工夫して実験しました。仮説どおりの結果にならず、うまくいかなかった点についてのそれぞれの意見をつないでまとめると、その課題がはっきりとしました。

音楽 ◯ 話し合いを通して、グループの友達の意見をまとめた

音楽発表会に向けて、合奏の練習でそれぞれの楽器のパートがよりよい合奏になるよう音の出し方や強弱、緩急など、各パートから出された意見を生かしてまとめ、素晴らしい演奏にすることができました。

体育 ◯ チームの総意を生かして、作戦を立てた

ゲームの学習で、なかなか勝てなくチームで作戦を立てました。自分たちが納得して試合ができるよう運動の得意な子、苦手な子がそれぞれ自分の意見や思いを生かした作戦になるよう話し合いをリードしていました。

総合的な学習 ◯ 環境問題は、一人一人の問題だと気づいた

地球環境について学習で、様々な環境問題の解決方法を学びました。学習の振り返りでは、一人一人が関心をもち、これらの方法からまず自分ができることから一つ一つ取り組んでいくことが大事だと考えました。

❾ 物事を多面的に捉えることができていた子

全般 友だちの考えも素直に受け止めることができた

○ 探究心が豊かで、どの教科の学習でも自分なりの考えをもとうと意欲的に調べています。友だちの考えについても「なるほど、そういう考え方もできるな」と素直に受け止め、自分の考えを広げています。

全般 一つの考え方で満足し、別の面から見ようとしない

△ 知識も豊かで、理解力も優れています。学習において自分が考えた答えに満足し、他の方法や別の面から考えることは少ないです。考える力は十分ありますので、いろいろな角度から自分の考えを捉えてみましょう。

国語 一つの記述から、いくつもの見方や考え方を見つけた

○ 物語の主人公の心情を考える学習では、積極的に自分の考えを発表します。友だちの考えもよく聞き、同じ記述からでも「こういう考え方もできるんじゃないかな」と違う別の面から捉えた発言ができます。

社会 新政府の政策を民衆の立場から考えた

○ 明治の新政府が、西洋に負けない強い国づくりを進めるための政策について調べ発表しました。学び合いの学習では、政府の立場だけでなく当時の人々の様々な立場から考えた発言をしていました。

算数　一つの考え方に満足せず、考えを広げることができた

○ 台形の面積を求める学習で、同じ形をつなげると平行四辺形になることを見つけました。他の方法もあるのではないかと考え、台形を対角線で二つの三角形に分割しても同じ公式で求められることを見つけました。

理科　実験方法を検証し、よりよいやり方で実験をした

○ てこのはたらきを調べる実験で、結果を予想して実験方法を考えました。グループのメンバーがそれぞれ考えた方法を一つずつ検討し、より客観的な結果が得られる方法で実験を行うことができました。

音楽　人によって様々な感じ方があることに気づいた

○ 鑑賞の学習で、同じ曲でも聴く人によって、「よい」と感じる部分が違っていたり、同じ部分であっても、感じ方や表現の仕方が違っていたりすることがあると振り返っていました。

図画工作　様々な観点から作品のよさを捉えて伝えた

○ 自分たちが描いた作品の鑑賞をしました。自分の見つけた作品のよさを伝える学習では、全体の構成、色使い、筆遣いなど様々な観点から作品のよさを見つけて、伝えていました。

外国語　外国の人から、日本のよさを教えられた

○ 日本を訪れた外国の人に、なぜ日本に来たのかインタビューをしました。アニメ、食べ物、古くからの文化、自然など日本を訪れる理由はいろいろだと知り、自分の知らない日本のよさがあることに気づきました。

⑩ 学習したことを自分の生活と関連付けて考えていた子

> **POINT**
> 授業では、「思考力・判断力・表現力」とともに、各教科等の知識及び技能を活用して課題を解決します。授業で培ったこれらの力を教科だけにとどめるのではなく、生活の様々な場面と関連付けたり実践したりすることが大切です。

国語 ○ 生活の中で、学習したことを使おうとしていた

敬語について学習しました。普段、使い慣れないためか関心が高まったようで、職員室への出入りや先生と話をするときに、敬語を使って話そうとする姿を見かけます。

国語 △ 文章を書く際に、学習した漢字が使えていなかった

新出漢字の練習には丁寧に取り組んでいます。ノートやワークシート、作文では読めたらよいと漢字を使わず、ひらがなで書くことが見られます。学習したことを生活に生かすという考え方を大切にしてください。

社会 ○ 学習で大切にしたいことを考え、行動に移した

食料生産の学習で、日本の食料自給率が低いことを学びました。学習後、栄養教諭の先生に自分たちが毎日食べている給食の食材は、日本で生産されたものを使ってほしいと伝えていました。

算数 ○ 生活の中で、割合の考え方を使うことができた

家庭科の調理実習では4人分の調理をしましたが、5人家族の自分の家で作るときは、算数で学習した割合の考え方を使えば、材料や調味料の量を計算し、5人分を作ることができると振り返っていました。

理科 **てこの原理を使った道具は、生活を楽にすることに気づいた**

○ てこのはたらきの学習で、てこの原理を使えば小さな力で大きい力を出せることを学習しました。てこの原理を使った道具が身の回りにはたくさんあり、法則をうまく利用して生活していることに感心しました。

音楽 **リコーダーのよさに気づき、お楽しみ会で演奏した**

○ リコーダーで二重奏をしました。2本のリコーダーの音の重なりや響きに感動し、学年末のお楽しみ会で見事な演奏を披露してくれました。リコーダーの音色やハーモニーは生活を豊かにすることを実感したようです。

図画工作 **1年生を楽しませようと、動く絵をプログラミングした**

○ 1年生との交流に向けて、1年生が喜びそうなキャラクターが動く絵をタブレットでプログラミングして作って見せれば、1年生を楽しませることができると考え、友だちと協力して作りました。

家庭 **小物を作って、家族のプレゼントにした**

○ 針と糸を使って小物づくりをしました。慣れない作業で苦労していましたが、それだけに完成したときの喜びが大きかったようで、家族の一人一人にプレゼントしようと作成し、家族に喜ばれました。

外国語 **「Good job」のフレーズで、友だちのプレイを励ました**

○ 英語の学習で、上手に表現できたときに「Good job」と言われて自信をもったようで、体育で得意なサッカーのゲーム中、友だちのプレイに対して「Good job」を連呼し、チームの士気を高めていました。

⑪ 多様な情報を比べて分析し、きまりや法則性等を考えることができていた子

POINT 課題を解決するために、多様な情報を比較し、「思考力・判断力・表現力」を生かし、きまりや法則性を見つけ出すことも大切な力です。様々な情報を比較・分析し、考えを深めている様子を、発言やまとめ、振り返りの記述から見取り評価します。

全般 新聞の切り抜きを続ける中で、表現の工夫に気づいた

○ 自主学習では、新聞の記事の切り抜きを続けています。たくさんの記事を読み比べる中で、新聞は、読みやすくするために、1行の文字数が少なく、段組みにしてあると気づいたことを書いていました。

全般 学習したことから疑問を広げて調べ、関連を考えていた

○ 知識欲が高く、学校で学習したことをもとに、疑問に思ったことについて関連がありそうな事柄を自主学習で調べています。それらを分析して共通性やきまりは何かをまとめ、さらなる疑問を見つけている姿は立派です。

国語 説明文は、文章と図表のバランスが大切なことに気づいた

○ 説明文の学習で、文章だけの説明文と図や表だけのものを比べました。わかりやすい説明文にするためには、図や表とそれを説明する文章をバランスよく組み合わせて表現することが大切だと振り返っていました。

社会 情報を発信するときに大切なことを捉えた

○ 情報を作り、伝える授業で新聞の学習をした後、自主学習でテレビについて調べました。情報を発信するときには、正しい情報をわかりやすく、できるだけ早く伝えることが大切だと考えをまとめていました。

社会 天下統一を目指した武将の政策から法則を見つけた

〇 天下統一を目指した三人の武将の学習で、それぞれの武将が行った政策を調べました。それらを比べて、国を治めるためには、お金、武力、民衆の心をつかむことが重要であることを捉えていました。

算数 分数の計算は、九九が基本であることを見つけた

〇 分数のたし算とひき算の計算では、通分や約分がすばやく正確にできることが大切で、そのためには、九九のように公倍数や公約数を覚えておけば、役に立つと単元の振り返りで書いていました。

理科 ふりこの実験の結果から、運動の規則性を見つけた

〇 ふりこの動きの学習で、おもりの重さを変えたりふりこの長さを変えたりしながら様々な動きを正確に観察し、丁寧に記録して表に整理することでふりこの動きのきまりを見つけることができました。

理科 植物の成長も動物の成長も、共通点があると考えた

〇 植物が受粉して種子ができ、芽を出し成長していく様子が、メダカのたんじょうで学習した魚の発生や成長とよく似ていることに気づき、生き物は皆同じように成長の順序があるのではないかと考えました。

保健 健康を害する原因の共通点を見つけた

〇 健康を害する原因となる喫煙、飲酒、薬物乱用などに共通することは、その場での快さを求めてしまうことにあると気づきました。また、健康に与える影響など、正しい知識をもつことが大切だと強く心に感じました。

⑫ 学習課題に応じたまとめを考え、自分の言葉で表現していた子

POINT

授業では、各自の考えをもとに学び合いの活動を行います。学習内容を定着させるには、対話を通して広めたり深めたりしたことを整理し、学習課題に対して自分なりの言葉でまとめることが大切です。まとめの記述や発表の内容を見取り評価します。

全般 ### 交流を通して考えたことを自分の言葉でまとめた

○ 授業では、学習課題について、自分の考えをもってグループや全体の交流に積極的に参加しています。交流を通して広げたり深めたりしたことを自分の言葉でまとめ、進んで発表しています。

全般 ### 交流を通して考えたことがうまくまとめられなかった

△ 授業中、学習課題に対してしっかり自分の考えをもとうとしています。全体での学び合いの場面でも自分の考えを積極的に発表しますが、自分の言葉でまとめることは苦手なようです。

国語 ### 俳句の創作や鑑賞を通して、俳句のよさをまとめた

○ 授業で、俳句の構成や書き表し方を学習しました。俳句の発表会では、友だちの俳句の感想を伝え合いながら、自分の俳句のよいところや俳句の面白さを自分の言葉でまとめ、発表していました。

国語 ### 新たな見方を加えて、主人公の生き方についてまとめた

○ 物語文で主人公の生き方について考えました。話し合いを通して自分になかった視点に気づかされ、自分の考えとつなげながら、いくつかの視点から主人公の生き方についてまとめることができました。

社会 学習のまとめに、話し合った観点を取り入れていた

○ 聖武天皇が「なぜ、大仏を作ったのか」を課題にした学習で、教科書や資料集から自分の考えをもち、話し合いました。授業の終末では、自分が考えなかった観点も入れて、自分の言葉でまとめていました。

社会 見学したときの印象で、学習のまとめをしていた

△ 自動車工場の見学をして、見つけたことを話し合いました。様々な意見が出されましたが、まとめでは見学で印象が強かったロボットのことしか書かれていませんでした。考えを広げることを大切にしてください。

算数 九九で約数を求められると、まとめていた

○ 約数や公約数を見つける課題では、約数を見つけるためには、その数が答えとなる九九の式を一つ見つけ出せば、同時に二つの約数を見つけられることを発見し、自分の見つけた方法で学習をまとめていました。

理科 友だちの考えを取り入れて、まとめをしていた

○ 「太陽はどのように動いているのだろうか」という課題に対して、東から西へ動くと考えていましたが、学び合いの中で南の空を通るということも大切だと考え、まとめに書き加えていました。

家庭 話し合いで気づいたことを取り入れ、自分の考えをまとめた

○ 身近な物の選び方や買い方について、気をつけることについて話し合いました。友だちの考えも取り入れて、安くてよいものだけでなく、環境に配慮したものを選びたいと学習をまとめていました。

3 主体的に学習に取り組む態度

① 自分で学習課題（めあて）を設定できていた子

POINT

高学年は思考の範囲も広がり、様々なことに関心をもちます。だからこそ単元や１単位時間のゴールを示し「〜だから学びたい」と学びに目的をもたせることが大切です。学習課題をつかみ「自らの問い」として取り組む様子を、記述しましょう。

全般 習熟問題に取り組む際のめあてを設定できた

○ どの教科においても、毎時間のめあてを考えて学習に臨んでいます。習熟問題においても、ただ問題を解くのではなく、何に気をつけると間違わないようになるかなどのめあてを設定し、取り組む姿は立派です。

国語 必然性からめあてを設定できた

○ 「新聞の投書を読み比べよう」では、新聞社に投書を送るという必然性から、「より説得力をもたせるにはどこを改善すればいいか？」というめあてを設定し、友だちのアドバイスを積極的に取り入れ、修正していました。

社会 疑問が自分の問いへと結びつかなかった

△ 「金閣寺は豪華にしなくてもよかったのでは？」という問いかけに「確かにそうだ」と疑問に思った○○さん。しかし自分で解決したいとは思わなかったようです。自分の問いとして学習に向かえるといいですね。

算数 既習事項からめあてを設定できた

○ 平行四辺形の面積の学習では、既習の長方形に変えれば求められたことから、三角形の面積を求める時間は、「学習したことを使って、三角形の面積はどのように求めたらいいか」というめあてを設定しました。

理科 比較からめあてを設定できた

○ 「流れる水のはたらき」では、山の中と平地の川の様子の違いから、「どうしてこのような違いができるのか」という単元の学習課題を考え、その解決に向けて毎時間、意欲的に予想・考察を繰り返していました。

音楽 演奏を工夫するという必然性からめあてを設定した

○ 「威風堂々」の演奏では、同じ旋律でも演奏の仕方で曲のイメージが異なることから、「たたえる気持ちの高まり」が表れるには、どのように工夫して演奏すればいいかというめあてを設定することができました。

総合的な学習 ゲストティーチャーとの出会いから単元の課題をつかんだ

○ 国際社会に生きる数人のゲストティーチャーとの出会いから、「国際人とはどのような人のことをいうのか、これから考えていきたい」と発言し、学年みんなが納得する単元の学習課題をつかむことができました。

外国語 英語の会話から内容を予想し、めあてをつかんだ

○ 「Hello, friends.」では、ALTと先生の英語の会話を聞いていると、互いに自己紹介をしていることがわかり、今日の学習は、「自己紹介はどのように表すのだろうか」というめあてをつかみました。

② 見通しをもって進め、学習方略を見直そうとしていた子

POINT
学習課題の解決に向け、学習の進め方の見通しをもつことがとても重要です。その際、より適切に学習効果を高めるための意識的な工夫などを検討したり見直したりしている様子を、大いに評価しましょう。

全般 新たな解決方法を考えることができない

△ 学習課題の解決に向けて、見通しをもって取り組みますが、「一人タイム」で行き詰まったときは、もう一度学習方法やゴール像を見通し、場合によってはしっかりと立て直して学習を進められるといいですね。

国語 漢字定着のための練習方法を変えてみた

○ 小テストの点数をあげるため、ドリルの漢字すべてを何度も練習しようと見通しをもって進めていましたが、とても時間がかかったことから、間違えた漢字のみ複数回練習する方法に切り替えて、効率よく練習しました。

社会 よりわかりやすい方法でまとめ直した

○ 国際連合への加盟に至るまでの経緯を調べてノートにまとめようとしていましたが、途中でこのままではよく読まないとわかりにくいと考え、よりわかりやすい方法を考え、関係図にまとめ直していました。

算数 別の解決方法を考えた

○ ひし形の面積の求め方では、今まで学習した図形に変えるということを見通し、長方形に変える方法を考えましたが、もっと簡単にできないかと再度考えてみると、二つの三角形に分かれることがわかりました。

理科 よりわかりやすい方法で整理した

○ 「太陽と月の形」の導入で、太陽と月の共通点と差異点を書き出すとき、表で整理しようと見通しをもちましたが、書いているうちに、「ベン図を使うほうが共通点がよくわかりそうだ」と見直していたのには驚きました。

図画工作 作業をしながら、別の方法を取り入れてみた

○ アニメーションづくりでは、タブレットで撮影したものをコマ送りして動きを確かめることを繰り返しながら、さらにキャラクターの動かし方を変えてみようと考えるなど、見通しをもってお話を作り上げていました。

家庭 問題点解決の注意点を変えてみた

○ 手縫いの学習では、縫い目がばらばらになるので、縫い幅に注意して練習していました。あまりうまくいかなかったので、今度は、針の運び方を意識した練習方法に変えてみると、次第に縫い目がそろってきました。

体育 練習の方法を変えてみた

○ 走り幅跳びでは、腕を大きく使った空中動作に課題を感じ、見通しをもって練習していましたが、うまくいかなかったのでロイター板を使って練習をしてみると、自分のイメージした動作ができるようになりました。

外国語 表現が難しいので習得方法を変えてみた

○ 「日本のすてき」を紹介するスピーチにおいて、なかなか表現が難しく進まなかったようですが、人や行事、食べ物などから伝えたいことを一つ選び表現できるようになってから次を選ぶという方法を考えました。

③ 学習課題（めあて）に向かって 解決しようとしていた子

POINT 自分事となった学習課題を意識して、どんな根拠をもとに自分の考えを構築したか、友だちとの対話を通して自らの考えを再構築して解決しようとしたかなどをしっかり観察し、ノートの思考の流れにも注目して適切に評価しましょう。

全般 常にめあてを意識して、課題解決に向かっていた

○ 毎時間、常にめあてを意識して自分の考えを導きます。その考えと友だちの意見とを比べ、根拠をもとに必要に応じて修正したり関連づけたりしながら再度考えを整理し、めあてに対してまとめることができます。

国語 めあてを意識せずに自力解決に向かっていた

△ 説明文では、「文章全体の構成はどのようになっているか」というめあてのもと、解決に向かいましたが、書かれている内容理解に注目して読んでいました。常にめあてを意識して自分の考えを構築できるといいですね。

社会 単元の学習課題を毎時間意識していた

○ 武士の生活と貴族の生活の違いから「貴族に代わって、武士はどのような政治を行おうとしたのか」という単元の学習課題を設定し、毎時間自分なりの予想を立てながら確かめるための方法を考えていました。

算数 早く問題を解くことだけに集中していた

△ 間違いを少なくするための方法を考えながら練習問題に取り組むはずなのに、速く問題を解くことに意識をしていたようで、うっかりミスがたくさんありました。じっくりとめあてを意識して学習に取り組みましょう。

理科 **予想を立てて実験に取り組んでいた**

○ 「水の量と流れる水の働きの関係性」をめあてに、集中して実験に取り組み、予想どおり水の量が多いと流れが速くなり、浸食や運搬のはたらきが強いことがわかり、思わずガッツポーズをしていました。

家庭 **自分の経験と関連づけて解決に向かっていた**

○ 「夏の暮らし」では、「夏を快適に過ごすための衣服の着方の工夫は？」というめあてを考え、自分の経験から素材だけではなく、デザイン、色などの視点を総合的に考慮して、自分の考えをまとめていました。

体育 **めあてを意識して練習に励んでいた**

○ 走り高跳びでは、「何に気をつけて練習すればいいか」というめあてのもと、振り上げ足と肩を高く引き上げることや抜き足は横に開くように抜くことを意識して、動画で確かめるなど練習に励んでいました。

外国語 **自分の課題に対して積極的に取り組んだ**

○ 「Where is the post office?」では、場所をたずねる表現はいち早く理解しましたが、答える表現を身に付けるために、積極的に ALT や友だちと何度も会話し確かめる姿が見られました。

総合的な学習 **学習課題解決のために調べ学習に取り組んでいた**

○ 総合的な学習の時間では、「これは何のために調べているのですか」と毎回たずねても、必ず「○○がわからないから」「どうして○○になるのか」と答え、学習課題を意識しながら解決に向けて取り組んでいました。

4 　自分事として学習に主体的に取り組んでいた子

POINT 　高学年の学習内容は、抽象的で多くの記憶を求められることが多くなり、意欲が低下することもあります。学習課題が他人事であればなおさら受動的な学びとなります。自分事として解決に向かっている姿や発言、振り返りの記述などを見取ります。

全般 　集中して解決に向かっていた

◯ 　毎時間学習課題を自ら考えることで、学習内容と自分との距離を縮めて常に自分事として課題解決に向かっている姿には感心させられます。集中して根拠をもとにした自分の考えを深めています。

国語 　自分の伝えたい思いをもとに工夫して取り組んでいた

◯ 　「句会を開こう」では、冬の思い出をテーマに、自分の思いを伝えるためによりよい表現にしようと、没頭して言葉を選んだり、比喩や言葉の順序を入れ替えたりして、いろいろと試して工夫している姿が印象的でした。

社会 　主体的に自主学習に取り組んだ

◯ 　国民生活の変化について、自主学習としておうちの人にインタビューするなど、単元を通して常に自分事として捉えて学習に臨んでいる姿は、みんなのお手本となっていました。

算数 　放課後自ら新たな課題をみつけ解決しようとした

◯ 　縮図の学習をした後、放課後友だちと校庭に出て、実際の校舎の高さを求めていました。学習したことを自分事として新たな課題をみつけ、解決しようとする姿は学級の手本となっています。

理科 興味ある課題に集中して取り組んだ

○ 以前より月の形の見え方に興味をもっていた○○さん。単元を通してすごい集中力で、様々な学習課題に向かっていました。特にボールに光を当てて形が変わって見える理由を理解したときの素敵な表情が印象的でした。

音楽 イメージがわかずに自分事として考えられなかった

△ 「ふるさと」のどんな思いを表現すればいいかという課題に対し、なかなか「ふるさと」のイメージが湧かなかったようです。風景写真などタブレットで調べてようやく曲に込められた様子を考えました。

図画工作 試行錯誤して自分の思いを表現していた

○ 「あったらいいな、こんな町」では、自分のこれまでの経験をもとに、町にあるものや出来事を具体的に想像してイメージを豊かに広げながら、試行錯誤して自分のイメージした町を絵の具で表していました。

家庭 黙々と学習に取り組んでいた

○ 「食事を作るときにどのような視点があるのか」というめあてのもと、昨日の夕食がその視点でどうなのかを知りたくて黙々と学習に取り組み、栄養はもちろん、季節感や値段、そして安全性も大切だと考えました。

外国語 自分事として英語に慣れ親しんだ

○ 「This is me!」では、新しいALTに自己紹介したいと考え、名前や好きな物・こと、誕生日などを発表するにはどのような表現の仕方があるのか考えながら学習し、自分事として英語に慣れ親しむ姿が印象的でした。

❺ 試行錯誤しながら学習方法を 自己調整して工夫して取り組んでいた子

POINT 思春期を迎える高学年では、気分も不安定で何事もすぐにあきらめがちな子どももいます。子ども自身が行きつ戻りつしながら、いろいろな方法を試したり修正したりすることをサポートしながら、その姿を見逃さずに記述しましょう。

全般 粘り強く工夫して課題解決に向かっていた

○ 自分の考えをもてないことがあっても、もう一度やり直したり、別の方法を考えたりして、行きつ戻りつしながらも、粘り強く工夫して自力で課題解決に向かおうとする姿にはいつも感心させられます。

全般 考えがもてないとき、あきらめてしまうことがあった

△ 一つの方法で自分の考えが整理できないと、あきらめてしまうときがあるようです。もう一度めあてに戻って見通しをもち、別の方法を考えてみたり、試してみたりしながら考えてみましょう。期待しています。

国語 うまくいかないときに練習方法を変えてみた

○ 書写では、手本をまねようと練習を重ねましたが、なかなか思うように書けませんでした。そこではらいやとめ、右上がりなど、手本からうまく書くコツを自分自身で見つけて練習し、字形を整えることができました。

社会 うまくいかないので学習方法を変えてみた

○ 町づくりについて、最初はグループみんなで一つずつ案を考えていました。時間が経つばかりでまとまらないことから、一人一人が責任をもって考えた案を修正したり組み合わせたりして最終案を作りました。

算数　試行錯誤を繰り返しながらプログラムを組んでいた

○「正多角形をプログラムを使って描こう」では、正多角形の性質をもとにどのようにプログラミングすればいいのかを、何度も試行錯誤しながら「トライ＆エラー」を繰り返し、正三十六角形を描くことができました。

理科　予想して試すことを繰り返しながらプログラムを組んでいた

○明るさセンサーを使って省エネになる照明器具にするために、どのようなプログラムを組めばよいか予想し、考えたとおりにならなかったら、また予想して組んでみることを繰り返し、動かすことができました。

家庭　改善を繰り返していた

○「おうちクリーン作戦」では、家族みんなが座れるようにスペースを作りましたが、またすぐに物がおかれることから、物が多すぎることに気づき、いらない物を捨てることにするなど、改善を繰り返していました。

図画工作　いろいろと試しながら工夫していた

○「立体に表す活動」では、粘土のねじり方やひねり方の違いから生まれる動きやバランスをいろいろと試しながら、自分が表したい形を積極的に工夫していました。

外国語　より工夫して学習していた

○地域の身近な人を紹介するために、学習した単語や表現を書き出してみようと見通しをもっていましたが、途中から「身近な人紹介カード」を作って紹介する内容を整理するなど、より工夫して学習していました。

❻ 最後まであきらめずに取り組み、十分に学習成果を上げていた子

POINT 知識及び技能を獲得したり、思考力、判断力、表現力等を身に付けたりするために、最後まであきらめずに取り組むなど主体的に学ぼうとしているかという行動面の傾向にとどめず、実際に力が身に付いたかどうかまでを意識しましょう。

全般 粘り強く学習に取り組んだ結果、知識・技能を獲得した

〇 いつもめあてを設定して自分の考えが確立するまで、対話しながらも粘り強く考え、課題解決に向かっています。そのため、毎時間確実に知識を理解したり、技能が定着しています。その力強さには驚かされます。

全般 途中であきらめてしまい思考力・判断力が定着しなかった

△ 課題が少し難しくなると考えなかったり、自信がないと積極的に友だちに伝えようとしなかったりするため、考える力や判断する力が定着しないようです。難しい課題こそ、じっくり考えて友だちと意見交換しましょう。

国語 課題を克服してスピーチを仕上げた

〇 スピーチでは、何度も自分のスピーチを録画し、動画を見て課題を見つけて克服していた姿は立派です。スピードや間、強弱だけではなく、目線までも意識し、とても説得力あるスピーチに仕上がりました。

社会 よりよいものに仕上げようとまとめ直していた

〇 よりわかりやすく伝えたいと新聞にまとめていましたが、友だちがパンフレットにキャッチコピーを使っているのを見てなるほどと思い、もう一度まとめ直していました。

算数 あきらめずに図を書いて問題を解けるようになった

○ 難しいと感じていた割合の学習では、数直線を何度も書いて数量関係を しっかりと把握するようになると、見る見るうちに理解を深め、どんな問題でも解けるようになりました。努力する姿はお手本になっています。

理科 じっくりと実験の見通しをもつことができた

○ 「水溶液の性質とはたらき」では、見た目が似ている5種類の水溶液の違いを調べる方法をじっくりと考えていました。5年で学習した蒸発させることなどを思い出しながら、自分で実験の見通しをもつことができました。

体育 試行しながら何度も練習に励み、記録を更新した

○ 走り幅跳びでは、振り上げ足を真っ直ぐ上げることをめあてに、友だちに正面から足の裏が見えているか確かめてもらったり、自分でつま先をさわることを心がけたりしながら何度も練習を繰り返し、記録を更新しました。

外国語 あきらめずに自主学習で練習し、課題を克服した

○ 英語で書くことに時間がかかっていましたが、自主学習で、一つ一つの言葉を丁寧に書く練習を繰り返し、音声で十分に慣れ親しんだ簡単な語句や基本的な表現を用いて書くことができるようになりました。

総合的な学習 仕上がりにこだわりをもってポスターセッションを成功させた

○ 「地域の環境を守り隊！」では、ポスターセッションで今の現状からできることを伝えるため、絶対に取り組んでほしいという強い願いをもって仕上がりにこだわり、細かな作業を繰り返していました。大盛況でしたね。

⑦ 苦手なことにも目標をもって挑戦していた子

POINT
高学年になると、学力差が如実に表れます。だからこそ、苦手なことこそ具体的に方法を考えて克服しようと学び続ける主体性が重要になります。チャレンジしている具体的な様子をしっかり見取り、大いに賞賛したいものです。

全般 目標に向かって納得いくまで挑戦していた

○ どんな学習でも、苦手な問題や練習があっても、友だちのアドバイスを聞きながらわかるまで、できるまでチャレンジすることができます。目標に向かって納得がいくまでがんばろうという思いが伝わってきました。

全般 苦手な説明に消極的だった

△ 自分の考えを説明することに苦手意識をもっている○○さん。ノートにはとても素敵な意見や考えが表現されています。ノートを見てもいいので、図や資料を指さしながら、自分の言葉で伝えてみましょう。

国語 苦手なことを努力を重ねて克服した

○ 事実と感想・意見とを区別して書くことが難しいようでしたが、既習のいくつかの説明文に色分けして線を引くなど努力のかいもあり、次第に事実を根拠として自分の考えが伝わるように工夫できるようになりました。

社会 苦手なことに鉛筆が止まっていた

△ 資料やグラフからまとめることが苦手で、鉛筆が止まっている姿が見られました。正解を書かないといけないという思いが強いようですが、まずはわかることと自分の考えを分けて書くなど工夫してみましょう。

算数 自主学習で練習を重ねた

○ 速さの問題に苦手意識があった○○さん。公式を覚えるのではなく、意味を理解することを目標に持つと、毎日自主学習ノートに数直線を書いて練習を重ねました。次第に力がつき、友だちに教えるほどになりました。

理科 実験結果から考察する力がついてきた

○ 「物の溶け方」では、水に溶かした物の姿は目に見えなくても、溶かした物の存在や重さはなくなってはいないという見方をまとめることができました。実験結果を分析して考察する力がしっかりとついてきました。

音楽 練習方法を考えてあきらめずに取り組んだ

○ リコーダーにずっと苦手意識をもっていた○○さん。最後の音楽会では達成感を味わいたいと、音を出さずに指だけをゆっくり動かしたり、2小節程度に区切って練習したりすることで、見事な演奏になりました。

体育 友だちと一緒に挑戦した

○ 台上前転が苦手だった○○さん。しかし、マットを重ねて段差を作り、足をそろえてマットをグッと押すことを目標に、同じ技をめざす友だち同士で認め励まし合いながら練習を重ね、クラスのお手本となりました。

外国語 工夫して課題を克服した

○ 英語で伝えることが得意な○○さん。聞き取ることが少し苦手な様子でしたが、ゆっくり話してもらったり、聞き取れるようになるとスピードを速めて話してもらったりするなど、工夫して課題を克服していました。

❽ 友だちがわかるまで粘り強く考えを説明していた子

POINT 友だちと意見が違う場合には、自分の考えとの違いを吟味し、お互いに理解を深めていくような工夫が大切です。様々な工夫をして伝えようとしている姿を的確に見取りましょう。

全般 確かめたり、図を書き直したりしてあきらめずに説明した

○ どの学び合いの時間においても、「今伝えた考えを言ってみて」と相手に確かめています。わからないところがあるときは、再度説明したり絵や図を描いたり修正したりしながら、あきらめずに説明しています。

全般 わかりやすく説明できなかった

△ ノートに書いている考えをそのまま読んでしまうので、なかなか相手の理解に結びつかないことがあるようです。一気にすべてを伝えるのではなく、少しずつ区切って伝えてみるなど、工夫して説明してみましょう。

国語 根拠を明確にして説明した

○ 「海の命」では、クライマックスは「おとう、ここにおられたのですか。また会いに来ますから。」だと考え、別のところだと主張する友だちに、太一とクエとの関係が最も大きく変わるからと根拠を明確にしていました。

社会 意見がちがう友だちを説得した

○ 足利義満が金閣寺を豪華にした理由について、日明貿易で財力を蓄えたからという意見に対し、加えて国内でも国外でも自分が権力をもっていることを示したかったからだと資料を提示して説得していました。

算数 わかりやすい図に書きかえて反応を見ながら伝えていた

○ よくわからないような表情をしていた友だちに、よりわかりやすい図に書きかえて、もう一度説明するなど、友だちの反応を見ながら自分の考えを伝えようとしていました。

理科 イメージを図に表して説得していた

○ 「物の溶け方」では、食塩は水に溶けるとなくなるのかについての予想で、なくなると主張する友だちに、なくならないんだとイメージを図に書いて説明していました。実験前のその説得力には驚かされました。

音楽 事実をもとに説明していた

○ 威風堂々を聴いて、同じ旋律を繰り返しながら次第に強くなり、楽器の数が増えて音が重なることで、曲全体がだんだん盛り上がっていることを、楽譜を指さしたりタブレットで聴かせたりしながら説明していました。

家庭 理解できているか区切って確かめながら説明していた

○ 「持続可能な暮らし」では、環境に配慮した生活の工夫について、自分の考えを「ここまでわかる？」とたずねながら伝えていました。わかりにくいときにはイラストに表すなど、粘り強く説明する姿が印象的でした。

外国語 友だちを意識して伝えていた

○ 英語を聞き取ることが苦手な友だちに、一つ一つの言葉をゆっくり確かめながら伝えたり、「今度は少し速めに言ってみるよ」と言葉をかけたりする姿がとても自然でした。友だちはとても感謝していました。

❾ 対話を通して、自分の考えを 広げたり深めたりしていた子

POINT 自分の考えをしっかりともつことができた児童は、「友だちはどう考えているのだろう」と対話したくなります。自らの考えを修正したり、新しい考えを作り出したりする姿を、発言や記述から具体的に評価します。

全般 対話の時間を充実させていた

◯ どの教科においても、「○○さんの考えを聞いて～」と、学び合い後の自分の考えがどう変わったのかを振り返りの視点として書いています。それだけ対話の時間が充実した時間となっているようです。

全般 友だちの考えを聞こうとしなかった

△ 自分の考えを整理できると、自信があるからか、自分の意見は伝えても、友達の考えは積極的に聞こうとしないことがあります。なるほどと自分が思いつかない考えを発見するようにすれば、どんどん考えが深まります。

国語 自分では思いつかなかった考えにうなづいていた

◯ 町のプレゼンでは、教材文の「である」「違いない」の断定的表現など、自分の提案が伝わる発表の構成や資料の使い方のアドバイスをもらい、自分では思いつかなかった考えに、なるほどとうなづいていました。

社会 友だちの意見に驚き、まとめ直していた

◯ 農家の方のこだわりについて、9割を出荷し、残り1割はどうしているかを考えた友だちに驚いていました。1割を商品開発や海外出荷に挑戦していることを知り、生産者の思いについて考えをまとめ直していました。

算数　友だちの考えになるほどと感心していた

○ 台形の面積の求め方では、対角線で三角形に分けて考えましたが、友だちが台形を二つ合わせると平行四辺形になり÷2をすればいいと発表していました。思いつかない考えだったので、なるほどと感心していました。

理科　自分では気づかない意見に友だちは気づいていた

○ メダカの雄と雌の違いについて、背びれに切れ込みがあるのが雄で、ないのが雌だと気づきました。友だちは、しりびれの大きさも関係があると言ったので調べてみると、確かに雄はしりびれが長いことがわかりました。

図画工作　作品の感じ方の違いを知って深めていた

○ 「小さな美術館」では、形や色、描き方など作品をじっくりと鑑賞したのちに、友だちと話し合うことを通して、表現の意図や特徴などの感じ方の違いを知り、自分の見方や考え方を深めていました。

外国語　友だちにヒントをもらって取り組んだ

○ 自己紹介では、名前や好きな食べ物の表現は思いつきましたが、他に何を伝えるか悩んでいたところ、友だちは色やスポーツ、音楽など次々に話していたことがヒントとなり、自然と会話が弾むようになりました。

総合的な学習　学び合い後に考えが変容した

○ 国際人とは「外国に住んでいる人」と考えていた○○さん。友だちと何度も対話した結果、「自分の考えをもち、他人と心を通わせ、人のために行動できる人のことではないか」と考えを広げました。

❿ 学び合いのよさを実感し、主体的に他者と
関わりながら課題を解決しようとしていた子

POINT 学び合いのよさを実感している児童が、自分事として課題を捉えて学びに向かっているときには、より自ら他者と関わりながら解決案を構築しようとします。主体的に対話しながら解決に向かっていく様子をしっかりと見取りましょう。

全般 一人で抱えずにグループで何度も話し合い解決に向かった

○ どの教科においても、学習課題解決に向け、困ったことがあると一人で考えこまずにグループで共有し、新たな考えに到達するまで、何度も話し合い、考えを導き出そうと努力している姿には感心させられます。

全般 学び合いのよさを実感できなかった

△ 積極的に友だちと一緒にめあての解決に向かうことのよさを感じていないようです。友だちの意見を聞いて考えたことを話したり、質問したりする姿が見られる機会が増えてきたことに、これからの期待をもっています。

国語 よりよい発表会にしようと課題を話し合った

○ 音読発表会では、タブレットで音読している様子を撮り、グループでよかったところ、改善すればよいところを話し合うにつれ、表情、目線、スピード、抑揚、間など、どんどんよくなっていきました。

社会 分担して調べて持ち寄り課題について考えた

○ 工場の工夫について、各資料をそれぞれ責任をもって分担して調べ、それらを根拠に何が言えるのかを議論していました。自分だけでは思いつかない考えになったことで、班活動のよさを実感していました。

算数 **友だちとの学び合いからまとめることができた**

◯ 直方体を組み合わせた形の体積を求める問題では、二つの直方体に分けて考えていましたが、友だちの全体からひく考えや分けて動かす考えを知り、どれも公式を使える形にすれば求められるとまとめていました。

理科 **友だちの考えにゆさぶられながら解決に向かった**

◯ ふりこのぼうの長さを変えても1往復する時間は変わらないと予想していた○○さん。友だちがメトロノームを短くしたら速くなると発言したことでどっちだろうと意欲的に実験に向かっていました。

音楽 **グループで工夫して一体感をもつことができた**

◯ ボディパーカッションでは、グループの中心となって、自分たちの思いに合う表現にするために、リズム・パターン、リズムの重ね方、強弱、打つ場所などを工夫し、取組みでの一体感や集中力を感じ取ることができました。

図画工作 **友だちと工夫してよりよいものに作り上げた**

◯ 工作では、友だちと互いのアイディアを出し合いながら作り、遊ぶことを繰り返すことを通して、玉の転がり方を試しながらビー玉コースターを工夫してよりよいものに作り上げることができました。

外国語 **分担して表現の仕方を考えた**

◯ 地球に暮らす生き物がどこで暮らし、何を食べているのかなど、グループで分担しながらタブレットで調べ、英語の表現の仕方を考え、組み立てていました。そのリーダーぶりは、とても素敵でした。

⓫ 学んだことを学習や生活に生かそうとしていた子

POINT 高学年の学習内容は、抽象度がさらに高まります。他の学習や
生活の場面でも、主体的に活用しながらより学習したことを定
着させる必要があります。自ら学びに向かい、学んだことを生
かす姿を具体的に記述しましょう。

全般 思考ツールを学級活動に生かした

〇 思考ツールを積極的に活用している〇〇さん。来年度最高学年として活躍
できるように、3学期はどんな自分になりたいかを、教科で学習した
フィッシュボーンチャートを使ってわかりやすく整理していました。

全般 既習事項から考えをもつことができなかった

△ 各教科の学習内容を理解したり技能が定着したりしています。しかし、そ
の既習事項を使って、新たな課題に対する考えが思い浮かばないときがあ
るようです。ノートを見直したり資料集を見たりして考えてみましょう。

国語 学習したことを活用してプレゼンを考えた

〇 説明文では、頭括型・尾括型・双括型の文章構成を学習しました。それら
を活用して、平和についてのプレゼンで自分の主張を効果的に伝える構成
はどれかを考え、説得力ある内容を下級生に伝えていました。

社会 学習したことから自分にできることを考えた

〇 米づくりに関わる人々の工夫や努力を理解した〇〇さん。給食のごはん残
量について調べ、多い学年には朝の学習時間に自主学習でまとめたプレゼ
ンを行い訴えました。その成果がしっかりと表れました。

算数　既習事項を応用して問題を解いた

○ 分数のわり算では、分数のかけ算の計算の仕方を図や式を用いて考え、説明した方法を振り返り、それを活用して分数÷分数の計算の方法を試行錯誤しながら考えていました。

理科　学習内容を活用して予想した

○ 天気の変化の仕方のきまりを学習したことを活用して、天気の予想ができないかを考えました。観測結果や気象情報を活用して、翌日の天気を自分なりの根拠をもって予想できました。

図画工作　すでに身に付けた技法を生かし、絵手紙を作った

○ これまでの絵の具やクレヨンの特徴や技法を生かしながら、形や色の組み合わせを工夫して、一人で住んでいるお年寄りの方への温かい絵手紙を作り、届けることができました。

家庭　学習したことから自分にできることを考え、実践した

○ 家庭には、家庭生活を支える仕事があり、互いに協力し分担する必要があることを学習した○○さん。自分も家族の一員として生活をよりよくしようと「毎日する仕事」を複数考え、確実に実践していました。

外国語　学習した表現を宿泊行事で試してみた

○ 「メッセージを伝えよう」では、平和学習への思いをスピーチできるように練習しました。修学旅行のときに平和公園で外国の方に伝えるとともに、外国の方の思いを知ることもでき、大いに自信になりました。

⑫ 単元・題材を通して、どんな力を身に付けるのか見通しをもてていた子

POINT 新学習指導要領には、主体的な学びについて「身に付いた資質・能力を自覚することが重要である」と書かれています。そのためには単元全体、1単位時間でどんな力をつけるのかを見通しておく活動が必要です。意識しながら学習する姿を記述します。

全般 単元導入でどんな力が育まれるのか見通すことができていた

○ どの教科においても、単元の学習課題を解決した結果、どんな力が育まれるだろうかと見通すことができます。常に学習課題とつけたい力を意識しながら学習する姿はみんなの模範になっています。

全般 問題を解くことのみに意識していた

△ 根拠をもって説明する力をつけることが目的ながら、問題を解くだけで満足してしまい、学び合いに消極的なときがあります。どんな力が養われるのか、見通しをもって学習に向かう大切さを実感できればいいですね。

国語 単元を通して学習計画を立てることができた

○ 「新聞記事を読み比べよう」では、学習のゴールに向けて、単元を通してつけたい力は何なのかを考え、そのためにどのような学習活動を行うか、学習計画を立てることができました。

社会 単元を通して身に付けたい力を考えていた

○ 我が国が戦後変わっていく様子について、自分なりの学習課題や予想、学習計画を立てていました。それだけではなく、単元を通して、資料を根拠に分析する力を身に付けたいと意欲的に発言し、拍手が起こりました。

算数 ## 単元導入時にゴール像をイメージしていた

○ 小数のわり算では、単元導入で、小数のかけ算の学習を想起して、小数でわることの意味やその計算の仕方について考え、「理解して確実に活用できることがゴールだと思う」と的確に発言していました。

理科 ## つけたい力を意識して生活場面を見直していた

○ 「物の燃え方と空気」では、「日常生活で物が燃える現象を見直す力をつけたい」と、それぞれの実験の考察を終えると、常に生活場面に置きかえて考えていた姿は学級のお手本となっていました。

体育 ## 単元終了時にできるようになりたいことを想定できた

○ ソフトバレーボールでは、単元が終わったときに、片手や両手の操作がうまくなったり、フェイントなど作戦を工夫してチームで楽しめたりできるようになりたいと意欲をもっていました。試合では大活躍でしたね。

外国語 ## 単元を通してこんな表現方法を身に付けたいと取り組んだ

○ この単元を学習すると、食べ物を丁寧に注文したり、値段をたずねたりする表現の仕方が身に付くんだと、毎時間とても楽しみにしながら学習に取り組んでいました。外国で試したいと強く思ったようですね。

総合的な学習 ## 単元でこんな力を身に付けたいと願って解決に向かっていた

○ 単元を見通し、時間数が多くても、常に単元の学習課題を意識して調べたりまとめたりできるようになりたいと強く願って課題解決に向かっていました。実行した姿は、学級のお手本となっています。

13 この時間でどんな力を身に付けたのか
振り返ることができていた子

POINT 学習指導要領解説総則編には、主体的な学びについて「自らキャリア形成を振り返ったりする」という内容の記述があります。つまり児童がどんな力をつけるのかを意識して解決に向かい、その力がついたのかを振り返ることが大切です。

全般 ○ **ルーブリック評価を振り返っていた**

どの教科においても、こんな力をつけるんだというねらいに対してのルーブリック評価とその理由を書くとともに、学び合い後の自分の考えの変容、次の時間にしたいことを視点として振り返っています。

全般 △ **ねらいが到達したか、振り返ることが苦手だった**

学習内容の理解はしっかりと定着していますが、振り返ることが苦手なようです。1時間の学習を通して何ができるようになったのか、どんな力がついたのかを意識しながら取り組み、その視点で振り返ってみましょう。

国語 ○ **つけたい力がついたのか自己評価できた**

住んでいる町についてのプレゼンテーションでは、教材から技を見つけ、粘り強く工夫した結果、伝えたいことがよりわかりやすく伝わるための資料を選択する力がついたと自己評価していました。自信がもてましたね。

社会 ○ **ルーブリック評価とその理由を振り返っていた**

これからの日本の果たすべき役割の学習では、「ルーブリック評価はAで、グラフや資料から現在の日本の抱える問題についての自分の考えをまとめることができた」と振り返っていました。

算数 ## 毎時間的確に自己評価できた

○ 振り返りでは、「既習の知識や考え方を使い、数直線・言葉・式を関連づけてわかりやすく説明する力がついた」など、1単位時間でつけたい力がついたかどうか、毎時間的確に自己評価することができます。

理科 ## こんな力がついたと振り返っていた

○ 「てこのはたらき」では、ペンチやピンセットなど、今まで学習したどんな仕組みを利用しているのか、関連づけて説明する力がついたと振り返っていました。はさみなど他の道具について自主学習で調べていました。

音楽 ## 振り返りでよりよい表現を考えた

○ 歌詞の内容から思い浮かべる様子やイメージを表現する力を育むことをねらいとして試行錯誤しながら練習に励みました。歌詞が繰り返されているところの2回目を強くすればより伝わると振り返っていました。

体育 ## タブレットの動画を見て振り返っていた

○ 跳び箱運動の台上前転では、腰の位置を高く保つことをねらいに練習をしました。振り返りでタブレットで撮った動画を見ると、まだ常に腰が高くないことから次時はロイター板で弾みをつけて練習することにしました。

外国語 ## 活動を通して力がついたかどうかを振り返っていた

○ 「Welcome to Japan」では、「日本の四季や文化について紹介する表現は理解できたが、年中行事を表す言葉に十分慣れていないなあ」と身に付ける力を意識した振り返りをすることができました。

14 学習方法を振り返り、よりよい学習方法のあり方を考えることができていた子

POINT

単元や1単位時間の展開時や終末において、学習のプロセスを振り返り、課題解決に行き詰まったりしたときに、他の方法はないか、よりよい方法はないかと、学習の進め方を見直している姿を発言やノートの記述等を手がかりに見取り、記述します。

全般 よりよい学習方法について修正案をもつことができていた

○ どの教科においても、単元終了後必ず学習を振り返っています。自分で進めてきた学習方法について、よかったところはもちろん、こうすればよかったと、よりよい方法について具体的に修正案をもつことができます。

全般 振り返った学習方法を活用していた

○ 思考ツールやミニ新聞、意見文など、様々な形で学習課題について工夫してまとめてきましたが、友だちがシンプルに表を使いキーワードを書いていたのがとてもわかりやすかったことから、積極的に活用していました。

国語 表で整理するほうがよりわかりやすいと考え直した

○ 「新聞記事を読み比べよう」では、リード文や記事から書き手の意図を考える際、線を引いて考えていましたが、表が便利ではないかと学習方法を見直し、共通点と相違点を整理してそれぞれの要旨を把握していました。

社会 より伝わりやすい方法を振り返った

○ 戦争の悲惨さをプレゼンソフトにまとめて3年生に伝えました。原爆の大きさは実際に模造紙に書くなど、すべてをタブレットに頼らず、具体物も示しながら伝えるべきだったとよりよい方法を振り返っていました。

算数 **友だちの図を参考にした**

○ 文章の問題を絵に描いて分数×分数の立式をすることができました。友だちが面積図を使ってわかりやすく説明していたことから、次の文章問題からは、○○さんも面積図を使って解決していました。

理科 **実験方法を見直した**

○ 塩酸に鉄が溶けた液を蒸発させるとどうなるかの実験では、色の違いとともに、もう一度塩酸を注いでみると違いはわかると試していましたが、鉄だとしたら磁石につくか調べたほうがわかると方法を見直していました。

図画工作 **さらなる表現方法を考えていた**

○ 「新製品を開発しよう」では、作りたいものに合わせて材料を選んだり組み合わせたりして製作しました。完成した後でも、「ここは、この材料にしたほうがよかった」とさらによくなる方法を考えていた姿は立派です。

外国語 **ペアで試しながら表現をバージョンアップさせた**

○ 「Welcome to Japan」では、一人目のペアと話した後、わからなかった表現をたずね、既習表現を使ってどのように言ったらよいかを考え、次のペアで試すことを繰り返し、バージョンアップさせました。

総合的な学習 **一つの学習方法に満足してしまい振り返らなかった**

△ 「夢の設計図をかこう」では、子どもの頃の夢について、保護者数人にインタビューしました。傾向をつかむ方法はアンケート調査等もあるので、終わって満足せず、他の方法がないか、振り返られるといいですね。

第 3 章

「特別の教科　道徳」
の所見文例

「特別の教科　道徳」の評価の考え方

1 評価の基本的な考え方

　道徳科で評価するのは、道徳性そのものではなく、学習状況や道徳性に係る成長の様子です。

　道徳科で養う道徳性は、児童が将来いかに人間としてよりよく生きるか、いかに諸問題に適切に対応するかといった個人の問題に関わるものです。そのため、道徳的価値の理解に関する評価基準を設定したり、道徳性の諸様相を分節して、数値によって表す観点別評価を行うことは妥当ではありません。そこで、道徳科の評価は、数値による評価ではなく、記述式で行います。その上で、評価にあたっては、大きく以下の3点に留意しましょう。

❶ 内容項目ごとではなく、大くくりなまとまりをふまえて評価する

　「礼儀」「思いやり、親切」など、個々の内容項目の学習状況を把握するのではなく、様々な内容項目の学習を概観することが求められます。

　児童の学習状況におけるよさや成長の様子を継続的かつ総合的に把握していきます。

❷ 相対評価ではなく、児童の成長を認め、励ます個人内評価とする

　個人内評価とは、他の児童との比較ではなく、一人一人の児童の成長を評価するものです。児童のよい点をほめたり、さらなる改善が望まれる点を指摘したりするなど、児童生徒の発達の段階に応じ励ましていく評価が求められます。

❸ 児童の具体的な取組状況を一定のまとまりの中で見取る

　道徳科で養う道徳性は、中・長期的に児童の変容を見ていくことが必要です。1回1回の授業の中で、すべての児童について評価を意識して、よい変容を見取ろうとすることは困難であるため、年間35単位時間の授業という長い期間の中でそれぞれの児童の変容を見取ります。

2 評価のための具体的な方法

児童を見取るための具体的な方法には、次のようなものがあります。

・児童の学習の過程や成果などの記録を計画的にファイル等に集積して活用する
・授業時間に発話される記録や記述などを、児童生徒が道徳性を発達させていく
　過程での児童自身のエピソード（挿話）として集積し、評価に活用する
・作文やレポート、スピーチやプレゼンテーション、協働での問題解決といった
　実演の過程を通じて、学習状況や成長の様子を把握する

3 通知表所見を書く際のポイント

所見文を書くにあたっては、まず「大くくり」で捉えることが大切です。道徳
科の学習活動における児童の取組状況や成長の様子を一定のまとまりの中で見取
り、特に顕著なよさを認め評価します。児童や保護者によりわかりやすく伝える
必要がある場合には、その後に「特に」という言葉を添えて、教材名や内容項目
を入れ、具体的なエピソードや取組状況を伝えることが望ましいでしょう。

例）教材で考えたことから、これまでの自分の行動や考えを見直すことができま
　　す。特に「絵はがきと切手」では、「友だちを信頼する」とはどうすることかを
　　考え、自分は本当の意味で友だちを信頼しているかと考えていました。

2 一面的な見方から多面的・多角的な見方へ発展している

❶ 道徳的価値に関わる問題に対する判断の根拠や
心情を様々な視点から捉え、考えようとしていること

教材の中には、いろいろな考え方の人物が登場したり、一人の登場人物が様々な考え方で悩んだりします。それらを理解しようとしたりそのよさや課題、また判断の根拠について考えようとしたりという学びの姿勢を認めることが大切です。

友だちの意見をもとに視点を広げていた

○ 友だちの意見をしっかりと聞きながら自分の考えを広げていました。「ブランコ乗りとピエロ」では、友だちの発言から、ピエロだけでなく、サムの心情に目を向け、互いに理解し合うことについて深く考えていました。

いろいろな登場人物の立場から考えていた

○ いろいろな登場人物の立場に立って考えていました。「うばわれた自由」では、王子と森の番人の「自由」についての考え方の違いに着目しながら、「ほんとうの自由とは何か」について考え続けていました。

積極的に自分の考えを発表していた

○ 登場人物の心情や行動の理由について自分の考えを意欲的に発表していました。「すれちがい」では、登場する二人の立場や心情を理解し発表する中で、互いに理解し合うために大切なことは何かと深く考えていました。

これまでの学びとつなげて考えていた

○ これまでの学習とつなげて、考えを深めていました。「ロレンゾの友だち」では、「友のしょうぞう画」の学習を思いおこしながら、登場人物たちの考え方や判断の根拠を捉え、「友情」について深く考えていました。

いろいろな視点から考えていた

○ いろいろな登場人物の視点からの発言がたくさんありました。「くずれ落ちただんボール箱」では、様々な登場人物の視点に立って心情や行動の理由を考える中で、「思いやりの心」のよさに気づいていました。

友だちの考えを聞きながらじっくりと考えていた

○ 登場人物の心情や行動の理由について、友だちの考えをノートにメモをし、じっくりと考えて、自分の考えを明らかにして発表していました。礼儀についてでも様々な視点からその意義を捉え、考えを深めていました。

道徳ノートに、自分の考えをしっかりと書いていた

○ いつも道徳ノートに、友だちの意見を受けて考えたことをたくさん書いていました。「ひとふみ十年」では、自然の美しさだけでなく秘められた力、そこにあるいのちにも心を向けて考え、みんなに伝えました。

主人公に寄り添いながら考えていた

○ 教材の主人公の立場に立ち、いろいろな視点から意見を発表していました。「手品師」では、男の子との約束を選んだ手品師の行動を支える心についていろいろな視点で捉え発表し、みんなの考えを広げていました。

❷ 自分と違う立場や感じ方、考え方を理解しようとしていること

POINT 高学年になると相手の状況を想像できるようになってきます。教材や友だちの意見を聞き、自分とは違う立場の感じ方や考え方に出合うことを通して、物事の捉え方を広げたり、道徳的価値への理解を深めたりします。

話し合う中で、いろいろな捉え方があることに気づいていた

○ 自分の考えをしっかりと発表するだけでなく友だちの意見をしっかりと聞き、多様な考えがあることに気づきました。「のりづけされた詩」では話し合う中で誠実であることのよさを多様に捉えていました。

友だちの意見を聞いて新たな視点を得ていた

○ いつも友だちの意見から、自分の考えを深めていました。「いのち」についてでは、友だちの「いのちには、いろいろな人の思いがつまっている」という意見から、いのちのつながりに目を向けて考えていきました。

積極的に自分の意見を発表しながら、考えを広げた

○ 主題についての自分の考えから、友だちと対話をしながらその考えを広げげていく姿がありました。「親切」についてでは、相手の喜びになるだけでなく、その思いがつながっていく可能性に目を向けて考えていました。

登場人物の考え方を理解しようとしていた

○ 自分の考え方とは異なる登場人物の立場に、思いを寄せて考えていました。「流行おくれ」では、不満を言う登場人物の気持ちや考え方に共感できないと言いながらも、想像をめぐらせて考えていました。

友だちの意見をもとに考えを深めていた

○ 友だちの意見を自分の考えと比べながら聞き、考えを深めていました。「自由」について考えたときには、友だちの「みんなが自由とは」という意見をきっかけに「自由と責任」について自分の意見を伝えていました。

いろいろな考えを理解しようとしていることがノートにも表れていた

○ ノートにメモしたいろいろな友だちの意見をもとに、考えを広げ、深めていました。「よりよく生きる」について考えたときには、友だちの考えをもとに「誰かのためになる喜び」にも心を向け、ノートに書いていました。

友だちの意見を聞きながら、じっくりと考えていた

○ 登場人物の判断の理由について話し合うと、自分では思いつかない友だちの考えに出合い、自分の考えに生かしていました。じっくりと考え、「伝統は、人の努力と思いのつながりだと思う」とみんなに伝えました。

違う考えに触れることのよさに気づいていた

○ 自分とは異なる考えに触れる中で考えが広がっていくよさに気づき、意欲的に意見交流をしていました。「人は自然から、物だけでなく、心も豊かにしてもらっていることに話し合って気づいた」と発表していました。

いろいろな捉え方があることに気づいていた

○ 友だちの考えを聞く中で、登場人物の行動の理由や心情の捉え方は、自分とは異なる考えが多様にあることに気づき、友だちの意見から学ぼうと、ノートに友だちの考えをたくさん記録していました。

❸ 複数の道徳的価値の対立が生じる場面において取り得る行動を多面的・多角的に考えようとしていること

POINT 高学年は、自分のものの見方や考え方と相手とのものの見方や考え方の違いを意識するようになります。教材の登場人物によって異なる行動やそれを支える考え方を話し合う中で、多面的・多角的に考えようとしている姿を捉えます。

友だちの考えをじっくりと聞いて多面的に捉えていった

○ 登場人物たちの行動の理由や考え方について、まず、自分でしっかりと考えノートに書いた上で、友だちの考えを聞き、考えを練り直していました。いろいろな視点から「働くことの意義」について捉えていました。

登場人物の状況をつかみ、意欲的に考えていた

○ 登場人物の置かれた状況をつかみ、いろいろな登場人物の視点から考えていました。「すれちがい」では、登場人物たちの考え方を理解した上で、どんな考え方が必要なのかと自ら問いをもち話し合いながら考えました。

それぞれの考え方から主題を考え続けていた

○ 登場人物のそれぞれの考え方を理解しようと、友だちの意見をノートにメモをしながら考えていました。「ロレンゾの友だち」では、3人の登場人物の考えの違いから、「友だちとは」と授業後も考え続けていました。

友だちの意見から視点を広げていた

○ 友だちの意見から、いろいろな登場人物の考え方や行動に気づき、考えを深めました。「その思いを受けついで」では、「ぼく」と「じいちゃん」の両方を捉えることで「いのち」について視点を広げて考えていました。

いろいろな登場人物の立場を理解して考えていた

○ いろいろな登場人物の考えや行動に共感を示しながら、「何が大切なのか」「どうすることがよいのか」と考えていました。「公平とは」を話し合ったときは、いろいろな立場の視点から考えた意見を発表していました。

様々な視点から考えていた

○ いろいろな登場人物の視点に立って、主題について考えていました。「ロレンゾの友だち」では、ロレンゾと友だち3人のそれぞれの視点に立って考えることを通して、「友だちとは」と考え、意見を発表しました。

登場人物のものの見方や考え方について、理由を明確にしていた

○ 登場人物たちの行動の理由を「きっと○○だから」と客観的に考えていました。「くずれ落ちただんボール箱」では、おばあさん、店員、わたしの行動の理由をもとに「思いやりの心とは」と考え、ノートに書きました。

ノートに友だちの意見をメモし、振り返って考えていた

○ 登場人物たちの心情や考え方について、自分とは異なる友だちの意見をノートにメモをし、振り返りを書くときは、それらをもとに再考していました。「伝統文化のよさ」について、新たな気づきが生まれていました。

自分とは異なる考え方を理解し、広い視点で捉えていた

○ 自分と異なる登場人物の考え方を、友だちの意見を聞いて理解していきました。「門番のマルコ」では、規則が大切という友だちの意見も踏まえ、自分の命の大切さという考えと合わせて広い視点で捉えていました。

3 道徳的価値の理解を自分自身との関わりの中で深めている

登場人物に自分を置き換えて考え、理解しようとしていること

POINT

登場人物に自分を置き換えて考えることは、自分の経験をもとに役割を取得することを通して道徳的価値について自分なりの考えをもつことになります。登場人物の悩みや喜び、判断の理由を共感的に捉えようとしている様子に着目し評価します。

登場人物の気持ちや考えを豊かに捉えていた

○ 登場人物の立場になりきって、心情や考えを捉えていました。「友のしょうぞう画」では、「涙を流した主人公の気持ちがよくわかる」と言いながら、「友情」について考えたことをみんなに伝えていました。

登場人物になりきって考えていた

○ 登場人物になりきって、教材の場面を再現し、話し合う中で、登場人物の考えを捉えていっていました。「言葉のおくりもの」では、男女にかかわらず、互いのよさを認め合うことの大切さに気づき、発表していました。

自分の経験と重ねて考えていた

○ 登場人物になりきって、判断の理由を考えていました。「その思いを受けついて」では、自分が祖父を亡くしたときの経験を主人公の思いに重ねて、意見を発表し、「いのち」について考える姿がありました。

積極的に自分の意見を発表しながら考えていた

〇 いつも登場人物に自分を置き換えて考えたことを、みんなに伝えていました。「お客様」では、「わたし」の晴れない気持ちに共感し、たくさん発表しながら、「きまりの意義」について考えていました。

登場人物の視点から、考えを深めていった

〇 登場人物に自分を置き換えて考え、主題について考えを深めていました。「手品師」では、手品師の判断の理由について、「きっと、手品師は…」と言いながら「誠実であること」について考えを深めていました。

登場人物になりきって演じていた

〇 役割演技に積極的に立候補し、登場人物になりきって演じていました。演技を通して、実感をもちながらあいさつや礼儀が大切なわけに気づき、みんなに伝えていました。

自分とは異なる考えの登場人物についても寄り添って考えていた

〇 自分とは異なる考えの登場人物の考え方や行動に、寄り添って考えようとする姿がありました。「自分とはちがうな」と言いながらも、友だちの意見をもとに主人公の考え方を捉え、ノートに書いていました。

友だちの意見から、より共感的に考えていた

〇 いつも友だちの考えをしっかりと聞きながら、登場人物の判断の理由や考え方への共感を深めていました。「友のしょうぞう画」では、ぼくの友だちを想う気持ちに深く共感しながら「友情」について考えていました。

② 自分自身を振り返り、 自らの行動や考えを見直していること

POINT 子どもたちが、道徳的価値について考えたことや、これまでの自分の経験や考え方を見つめることによって、自分の成長を自覚したり、さらに深く考えたり、これからの課題にも目を向けて考えていこうとする姿を大切にします。

じっくりと自分を見つめ、ノートに書いていた

〇 「いのち」について考えたときは、いのちはたくさんの人に支えられていることに気づきました。自分自身もそうであることに心を向け、「自分のいのちをむだ遣いしない。大切にしたい」とノートに書いていました。

自分の課題を素直に受け止め、考えていた

〇 学習を通して振り返ったことをもとに、自分自身を素直に見つめ直していました。「流行おくれ」では、よく考えて行動できなかったときの自分を思い出しながら、これから大切にしていきたいことを考えていました。

教材で考えたことをもとに、自分を見つめていた

〇 教材からわかったことをもとに、自分を見つめて考えていました。「ひとふみ十年」では、自然の偉大さに心を向け、自分と自然の関わりを振り返りながら、「自然を大切にする」とはどういうことかと考えていました。

よりよくなりたいと意欲を高めていた

〇 教材の登場人物の家族を想い、家族のためにがんばる姿から、その大切さを学び、自分も大切な家族のために、もっとできることはないかと考え、ノートに書いていました。

友だちの考えたことから考えていた

○ 友だちの「伝統文化は心もつながっている」という考えから自身を振り返り、物だけでなく支え、受け継いできた人たちの想いにも心を向け、伝統文化のよさとそれを守ることについて、考えを深めていました。

自分の経験を重ねて考えていた

○ 学んだことを自分の経験に重ねて考えを見直していました。あきらめずに挑戦する主人公の姿に自分を重ね、「うまくいかなくて嫌なときもあるけれど、自分も自分を成長させていきたい」とノートに書いていました。

自分の考え方の成長に目を向けていた

○ 道徳ノートを振り返り、自分の考えの広がりや深まりを実感していました。特に「いのち」については、「一つしかないから大切」という考えから、連続性や支えられていることなど、多面的に捉えていました。

登場人物の姿から、自分を振り返っていた

○ 登場人物の姿から、自分の行動や考え方を振り返って考えていました。特に『ふぶきの中で「ありがとう」』では、上級生としての役割をどれだけ果たすことができているかと、自分自身を見つめ直していました。

自分のよさと課題に目を向けて考えていた

○ 「思いやり」について考えたときには、「自分は、親切にしているほうだと思うけれど、本当に相手のためになることができていたかな」と自分を振り返り、相手の立場を思うことに目を向けていました。

❸ 道徳的な問題に対して自己の取り得る行動を他者と議論する中で、道徳的価値の理解をさらに深めていること

POINT 教材の状況を自分事として捉え、取り得る行動やそれを支える考え方について、友だちだけでなく、保護者など、いろいろな他者の多様な考え方や感じ方に触れる中で、道徳的価値の理解を深めている様子に着目して、記述します。

対話しながら、考えを深めていた

⭘ 登場人物の立場だったらどうするだろうかと、自分事として考えていました。「はじめてのアンカー」では、友だちの意見を聞き、家族のあり方について考えを深め、今、自分は家族にどうあるべきかと考えていました。

友だちとの対話から考え続けていた

⭘ 友だちと話し合う中で、考えを確かなものにしたり、深めたりしました。「自由」についてでは、「自分は自分勝手なことはしない」と言いながら、話し合う中で「自由に伴う責任」という視点をもち考えていました。

家庭での対話を通して理解を深めていた

⭘ 学習を家庭で話すことで、さらに理解を深めていました。「この思いを受けついで」では、これからの自分の行動となぜそうするかについてお家の方と話し合う中で、命の大切さを実感をもって捉えていました。

対話により価値を実感していた

⭘ 「自分ならどう行動するか」と話し合い、多様な考えに触れる中で考えを深めていました。「働くこと」についてでは、「皆のために働くこと」のよさを再確認し、「自分もそうありたい」という思いを強くしていました。

友だちとの考えの違いから、理解を深めていた

○ 友だちと意見が分かれても、そこから学び、考えを深めようとする姿がありました。「ロレンゾの友だち」では、自分の取り得る行動やそれを支える考え方を議論する中で、「友情」についての考えを深めていました。

よりよい行動について考えていた

○ いつも話し合いの中で、よりよくするにはどうすればいいかと考えを練っていました。「ペルーはないている」では、他の国の人々とつながり合うためには、何ができるかといろいろな視点から考え発言していました。

ゲストティーチャーとの対話を通して理解を深めていた

○ ゲストティーチャーに、積極的に質問などをしながら、自分の取り得る行動を再考していました。ボランティアをされている方に出会う中で、誰かの役に立つ喜びについて考え、自分の「働かせ方」を考えていました。

対話しながら、考え直していた

○ 話し合う中で自分の考えを見つめ直し、「このとき、自分ならどうするだろう」とじっくりと考えていました。「ブランコ乗りとピエロ」では、友だちとの対話から「相手を受け入れる」大切さに心を向けていました。

ペアトークをしながら、考えを深めていた

○ 友だちとのペアトークから考えを深めていました。「規則」について考えたときには、「自分は規則を守りたい」という考えに加え、「規則は、みんなにとってよいものに変えていくべき」という考えが構築されていました。

❹ 道徳的価値を実現することの難しさを 自分のこととして考えようとしていること

道徳的価値について理解をしたからこそ、自分と重ねたときに それを実現することの難しさを実感します。今の自分の中にある心の弱さを見つめ、道徳的価値の実現の難しさを捉え、考えようとしている姿も認め、記述しましょう。

登場人物に寄り添いながら考えていた

○ 教材の登場人物に思いを重ねて改めて自分を振り返り、自分の行動について考えていました。「流行おくれ」では、「自分も主人公と同じだ」と自分の心の弱さに向き合い、よく考えて行動しようと考えていました。

教材と自分を重ねて考えていた

○ いつも教材と自分を重ねて考えています。「うばわれた自由」では、「自分の中に、自分の都合で自由を考える面がある」と学習したことを行動に表す難しさに直面しながら、「本当の自由」の大切さを考えていました。

これまでの自分を素直に振り返っていた

○ 学習したことをもとに、これまでの自分を見つめて振り返っていました。「あきらめない心」についてでは、「自分は、長続きしないことが多い」と素直に自分自身を見つめながら、これからの自分を考えていました。

道徳的価値の実現に意欲を高めていた

○ 学んだことを今後の生活の中で実践していこうとする意識が高まっています。「自然を守る」についてでは、今まであまり考えていなかったと自分を振り返り、「日常で自分にできることからしたい」と書いていました。

経験と重ねながら考えていた

○ 学習したことに、自分をつなげて考えています。「愛の日記」では、自分の経験を振り返りながら偏見や差別について深く考え、「難しいことだけど、問題から目を背けない自分でいたい」とノートに書いていました。

じっくりと自分を振り返っていた

○ 学習をもとにじっくりと自分を見つめて考えていました。「すれちがい」では、自分ならどうするかと考えながら、相手のことを理解し受け入れることの難しさと大切さを捉え、今の自分への課題を見出していました。

よりよくなりたいと考えていた

○ 「礼儀」の学習から「礼儀作法のよさ」をつかんでいました。礼儀をつい堅苦しく思ってしまう自分がいることを捉えた上で、「相手のことを考え、心のこもった接し方を意識したい」とノートに書いていました。

友だちの考えを聞きながら、考えを深めていた

○ ペアトークで考えを深めました。「青の洞門」では、友だちの考えから了海、実之助両方の心情を捉え、「人の心の中にある美しさ」に気づき、「心の中の美しさがわかる人になりたい」とノートに書いていました。

自分を見つめ、今の自分について考えていた

○ 「今の自分はどうだろうか」と自分を見つめ、考えていました。「よりよく生きる喜び」では、そのすばらしさをつかみながら、「自分自身のよりよく生きたいという想いに向き合えているのか」と考え続けていました。

第4章

育ちの姿（生活面）の所見文例

1 基本的な生活習慣

❶ 心の込もったあいさつや
丁寧な言葉づかいができる子

POINT 今までに身に付けたあいさつや言葉づかいを続け、礼儀正しく
行動している子がいる一方で、元気なあいさつを恥ずかしいと
感じることもある高学年。心の込もったあいさつや丁寧な言葉
づかいをしている具体的な場面を認め、記述しましょう。

日常 相手によってあいさつの仕方を変えていた

○ 地域の人、先生、友だちのお母さん、低学年の子など、登校するときに出
会う相手によって言い方を変えながら、気持ちよくあいさつができていま
した。相手と自分との関係も考えられるようになりました。

日常 会釈をして、気持ちよくすれ違っていた

○ 廊下ですれ違うお客さんや先生たちに笑顔で会釈をしている姿に感心し
ました。言葉だけでなく態度で、あいさつをする気持ちを伝えることも素
晴らしいことです。続けていきましょう。

授業 授業中にふさわしい言葉づかいができていた

○ 授業中と休み時間との区別をしっかりとつけて、発言するときに言葉を選
ぼうとしていました。同じ友だちと話すときでも、場をわきまえて変えて
いる言葉づかいは、クラスみんなのお手本になっていました。

❷ 時間やきまりを守って落ち着いた生活を送っている子

POINT

高学年では時間やきまりを守ることで、自他の安全に努め、節制を心がける生活が整ってきます。落ち着いて過ごしたり、自ら工夫して過ごそうとしたりしている具体的な姿を書いて称賛するとよいでしょう。

日常 ## 締め切り日に合わせて自分で予定を立てていた

○ 長期的な時間感覚が身に付いています。壁新聞作りの締め切り日がわかると、その日に提出ができるように家庭学習の中でも取り組み、納得した作品を作り上げようと努力している姿が立派でした。

日常 ## 休み時間の仕事が重なったときにも丁寧に対処していた

○ 学級での役割、委員会の仕事など、休み時間にやるべきことが重なったときには、優先順位を決めて取り組み、どうしてもできないときは事前に友だちに断っておき、お互い気持ちよく過ごすことができていました。

学級活動 ## クラスで新しいきまりを作り、守ることを提案した

○ 5年2組がよりよいクラスになるためには新しいきまりがあったほうがよいということを○○さんが提案し、みんなでいくつか考える機会を作りました。それらを守ることで、クラスがより心地よいものになりました。

学校行事 ## 時間に余裕をもった行動ができなかった

△ 広島への修学旅行で「碑めぐり」をした際、集合時間ギリギリまで回っていました。全部回りたいという意欲は立派ですが、後のスケジュールに遅れてしまい焦りました。先を意識した行動を心がけようと指導しました。

③ 整理・整頓がしっかりとできる子

日常 机やロッカーの整理・整頓がされていた

○ 高学年になり特に持ち物が多いときでも、机もロッカーもいつもきれいに整理されていました。そのことが、物を大切にすることやスムーズに学習に取り組めることにつながっています。続けていきましょう。

日常 掃除用具の整頓を率先して行っていた

○ きょうだい学級で掃除をし終わった後、班長として必ず掃除箱と雑巾かけを確認し、乱れていたら整頓して教室へ戻っていました。クラスの友だちや低学年の子のすばらしいお手本になっていました。

授業 狭い机の上で次の作業に取り組んでいた

△ 授業中に配られたプリントに取り組む際、教科書などをそのままにし、本の上や机の角で書いていることがありました。一度すべての荷物を引き出しに片付けるなど、限られたスペースを上手に使う工夫をしましょう。

学校行事 宿泊行事の荷物整理が上手にできていた

○ 修学旅行のとき、たくさんの荷物を自分できちんと把握し、整理していました。同じ部屋の友だちもその整理の仕方を真似し、限られた空間の中で5人が気持ちよく過ごすことができていました。

④ 持ち物を大切にする子

POINT　思春期を迎え、気持ちが不安定になることから、つい物にあたってしまう場面も見られます。持ち物を大切にしているかは、様々な場面で見取ることができます。自分の持ち物だけでなくみんなで使う物もどのように扱っているかを見取りましょう。

日常　持ち物を自分で直して使おうとしていた

○　小学校入学のときから使っている袋のひもが取れたとき、裁縫セットをもってきて付け直そうとしていました。学んだことを生かして、物を大切にしようとする姿勢がすばらしかったです。

日常　遊具を直したら使えると判断し、修繕を頼んでいた

○　竹馬を使って遊ぶときに、壊れていて誰も使っていないものがあることに気づきました。職員室に届けて、校務員さんに直してもらえるようにお願いし、またみんなが使えるように行動していたことが立派でした。

授業　教科書やノートに不要な落書きがあった

△　教科書やノートに不要な絵や文字が見られました。1年間かけて使う物なので、自分自身が気持ちよく使い続けられるよう落書きをなくしていき、自由に使えるノートを別に用意するよう指導しました。

学校行事　借りた物を大切に使っていた

◎　林間学舎でカレー作りをしたとき、宿舎の方に借りた道具を丁寧に洗い、もとにあった場所に戻すよう班のみんなに伝え、借りる前よりもきれいになるくらいに片づけました。大切に扱う姿が気持ちよかったです。

2 健康・体力の向上

❶ 積極的に運動に取り組む子

POINT 高学年は心と体が飛躍的に成長する時期であり、とても複雑な
時期です。運動に対しても好き嫌いがはっきりしてきます。心
身の健康のために思い切り体を動かしている子どもの姿を評価
し、その具体的な姿を書くようにしましょう。

授業 どんな運動も興味をもって取り組めていた

○ 1学期間、体育で跳び箱やハードル、水泳など様々な種目に取り組みました。その都度新しいことに興味をもち、初めての運動を楽しんでいる○○さんの意欲や態度はとてもすばらしかったです。

学級活動 外遊びを積極的にすることができなかった

△ クラス遊びの内容を決めているときに、外遊びに消極的な発言をすることがありました。一人では外でなかなか遊べなくても、友だちと一緒に遊ぶ機会を意識して作ることで、健康な体づくりにつながると指導しました。

児童会活動 運動をして交流することを提案していた

○ きょうだい学級でふれあう企画をする際、体を動かす遊びをたくさん提案していました。運動が大好きな○○さんは、積極的に運動することで仲間とつながることのできる心地よさに気づいているようでした。

運動する習慣を身に付けている子

POINT 授業内で学んだことを生かして、定期的に体を動かそうとしている姿や、常に進んで外に出て体を動かそうとしている姿が心身の健康の保持増進と体力向上に努めることにつながるのだと、大いに称賛したいです。

日常 楽しんで好きな遊びに取り組んでいた

〇 休み時間にはよくサッカーをしていました。家に帰ってからも毎日欠かさずにリフティングの練習をして、友だちと回数を競い合っていました。楽しみながら自分の可能性を高めようとしていることが素敵でした。

日常 授業で取り組んだなわとびの練習を引き続き行っていた

〇 体育の授業で配付したなわとびカードをすべてクリアしようと、休み時間に一生懸命練習する姿がありました。年間を通してあきらめずに練習し、難しい技もできるようになりました。

日常 様々な運動をして体を動かしていた

〇 休み時間には運動場で汗をいっぱいかきながらよく遊んでいました。ボール運動や一輪車、縄とびなど、日によっていろいろな遊び方をしていて、それが〇〇さんの健康な体づくりにつながっていると思います。

日常 運動が大切だとはわかっているが外で遊ぶことが少なかった

△ 保健の学習で、生活習慣病にならないために適度な運動の大切さを学びました。〇〇さんの感想に「運動をしたい」と書かれてありました。3学期も寒いですが、自分から外へ出ることを今以上に心がけるとよいですね。

③ 自分の健康について気をつけることができる子

POINT 保健の学習や保健室指導の中で、自分の体のことや健康について考えさせることがあります。知識として学ぶだけでなく、日常生活の中で実際に生かそうとしている姿を見取り、具体的な姿を評価することがポイントです。

日常 けがの初期手当てを自分で行っていた

○ 運動場でけがをしたとき、痛いのを我慢してまず傷口を水道で洗ってから保健室に向かっていました。保健で学んだ「けがの手当て」を思い出して、冷静に動いていたことがすばらしかったです。

日常 手洗い・うがいを徹底していた

○ 風邪の予防のために、教室に戻ってきたら必ず手洗い・うがいをすることが習慣づいていました。保健室で教えてもらった手の洗い方を意識して丁寧に洗っている姿が見られました。これからも続けていきましょう。

日常 状況に応じて、服装の調整ができていた

○ 登校時、室内、運動するときなど活動する状況や自分の体調に応じて、重ね着したり、上着を脱いだりすることを自分で判断して行い、体温調節が上手にできていました。

児童会 活動 風邪の予防のため換気を呼びかけた

○ 風邪が流行らないようにクラスで行っている換気を、全クラスにうながそうと、保健委員会で休み時間に全校放送する提案をしました。友だちにそれはよい考えだと感心され、実際に取り組むことができました。

けがに気をつけて元気に活動できる子

POINT

高学年になると、どんなときにけがが起きやすいのか、危険予測ができるようになってきます。様々な場面で安全に気をつけながら元気に過ごしている子どもの言動を見取り、評価しましょう。

日常 安全に遊ぶことのできる場所を選んでいた

○ 昼休みに大縄跳びをしようと運動場に出ました。全校児童が様々な遊びをしている全体を見わたして、ボールが飛んでこないような安全なところを考えて場所を決める冷静さが見られました。

児童会活動 けがをしないためのルールを考えようとしていた

○ きょうだい学級遊びでドッヂボールを行うためのルールを話し合っていたとき、1年生の子がけがをしないようにするために気をつけることを話していました。その視点を発言できたことが、すばらしかったです。

クラブ活動 夢中になりすぎてラフプレーとなった

△ サッカークラブでは、つい夢中になりすぎてラフプレーになり、自分や相手がけがをするときがありました。チームには下級生もいます。大好きなサッカーだからこそ、みんなが楽しめるよう安全なプレーに徹しましょう。

学校行事 クラスの友だちに危険回避の呼びかけができていた

○ 校外学習に出かける際、クラスで2列に並んで歩きました。後ろから車が来ていたときには、○○さんが大きな声で「危ない！」と伝えてくれたことで、クラスみんなで安全に出かけることができました。

3 自主・自律

 ① よいと思うことは進んで行うことができる子

 POINT

推理的思考ができるようになり、何がよいことかを見極められるようになっている高学年。特に、周りの人にとってよいことをしている子どもの姿を称賛したいです。短所が見られる場合は、具体的な改善点も示すようにしましょう。

日常 たくさんの配付物を率先して配っていた

○ たくさんの配付物があった日、係ではない○○さんが手伝い始めました。それを見た周りの友だちも協力し、あっという間に配り終えました。よい雰囲気がクラスに漂っていました。

授業 授業に集中できていなかった

△ 休み時間の出来事が気になって授業に集中できない場面がありました。声をかけると、自分の態度はよくなかったとわかっている様子でした。してはいけないことはしないよう、自分に厳しい行動がとれるといいですね。

学校行事 自分の仕事以上に働いていた

○ 運動会の前日準備のとき、自分の仕事が終わった後も、周りの先生や友だちの動きを見て自ら仕事を見つけて手伝っている姿がありました。終わった後、とても感謝されていました。

状況に応じた判断ができる子

POINT

価値観が育ち、自分だけで意思決定ができるようになる高学年。時間、場所などの状況が急に変わった場合でも、その都度よりよい方法を自ら考えて行動に移せている姿を見取り、その具体的な姿を書き記して評価しましょう。

授業 残った時間を有効に使うようクラスの友だちに提案した

○ 自習の時間に与えられた課題を済ませても時間が残っていてクラスがザワザワし出しました。その際、クラスみんなに読書や自主学習をしようと呼びかけてくれ、最後まで集中した雰囲気を持続することができました。

授業 グループでは意見が言えるが、全体での発表は難しかった

△ 班で話し合い活動をしていたときには、自分の考えを積極的に伝えていました。しかし、全体には進んで発表できないときもあったので、クラスみんなにも自分の意見が言えるようになるとよいですね。

クラブ活動 天気によって変わる活動場所や内容を伝えていた

○ サッカークラブに所属し、クラブ長としてみんなをまとめました。その日の天気によって活動場所や内容が変わりますが、その都度考えて先生と相談し、休み時間に他のクラスをまわり、今日の予定を伝えていました。

学校行事 社会見学でメリハリのある活動ができていた

○ 社会見学で歴史博物館に行ったとき、電車の中、館内、説明を聞いているとき、お弁当の時間と、その時々に応じて声の大きさや態度を変え、メリハリのある活動ができていました。

③ 目標に向かって計画的に最後まで努力する子

POINT 自分の少し先の姿を見据えて夢をもったり、より高い目標を立て、根気強く取り組み努力している姿を見取り、大いに称賛しましょう。目標がもてなかった児童には、目標の立て方を示すとよいでしょう。

日常 目標冊数を決めて読書に取り組んでいた

○ 「年間100冊の本を読む」と目標を立て、毎日図書館に通う姿がありました。記録ノートには本のタイトルだけでなく、感想もきちんと添えられていて、丁寧に取り組んでいることに感心しました。

授業 苦手な教科をコツコツがんばっていた

○ 苦手な算数を克服するために計画立てて取り組み、放課後も質問を繰り返し少しずつ自分で課題ができるようになっていました。テストで目標としていた点数には届かなかったけれど努力できたことを一緒に喜びました。

学級活動 学期の目標がもてなかった

△ 「2学期の目標はない」と言っていた○○さん。一緒に取り組む内容を話したところ、がんばろうと思うことを見つけることができ、意識していました。先をイメージすることができると、目標がもちやすいようです。

学校行事 よりよい合唱を目指して練習を提案した

○ 学年で取り組んでいる合唱がよりよいものになるように、歌が苦手な友だちを音楽室に誘って、自主的に練習することを計画しました。時間の限り笑いながら歌い合って、最後まで努力したことでどんどん上達しました。

クラス行事に積極的に取り組む子

POINT 積極的にクラス行事に取り組む姿を評価する際、全体で活動している中でも一人の姿を注目し、友だちとどのようなよい関わりができているか、自ら進んでどのような考えを示しているかも含めて書きましょう。

学級活動 **お楽しみ会の企画、進行を行っていた**

○ お楽しみ会をしようと企画し、みんなから出し物を募っていました。実行委員会を作り、空いた時間でプログラムや司会原稿を考えていました。当日は限られた時間の中でスムーズに進行していることに感心しました。

学級活動 **親睦会に積極的に取り組み、目的を果たしていた**

○ 親子親睦会が開かれたときには、PTAの方が考えてくれたゲームに進んで参加し、全力で楽しんでいる姿がとてもよかったです。新しい友だちや保護者の方に自分から声をかけ、親睦会の目的を果たしていました。

学校行事 **クラス合唱に前向きに取り組めなかった**

△ クラス合唱の練習では、気持ちが前向きになれないときがあったようです。「みんなのようにうまく声を出せない」という悩みを素直に話してからは、一緒に練習しようと友だちに誘われると進んで練習に励みました。

学校行事 **大縄大会で記録を出そうと前向きに取り組んだ**

○ 今年は大縄大会で新記録を目指そうと、友だちを誘って早々に練習を始めていました。去年までにやっていてうまくいったことを友だちからたくさん聞き出し、今のクラスに合っている方法を見つけていきましたね。

4 責任感

 係や当番の仕事を最後までやりとげる子

POINT 学級の係や当番、委員会の仕事などに責任をもち、やり遂げる
ことが、信頼される行動の一つです。一人一人の役割に応じた
活動の姿を丁寧に見ていきましょう。短所を記すときには、今
後どのように行動するとよいかも示すようにしましょう。

学級活動 **給食当番の仕事が不十分だった**

 給食当番の片付けの仕事が不十分なまま、遊びに行ってしまうことがあり
ました。自分の感覚で終わりを決めてしまわず、当番のみんなで確認し
合って終わることにするよう心がけましょう。

児童会活動 **自分の当番以上の仕事を進んで行っていた**

放送委員になり、担当の時間に忘れることなく校内放送を届けていました。
ある日、5年生が校外学習に行っていることに気づき、自ら5年生の担当
分の放送を担っていたことに感心しました。

学校行事 **きちんと役割が果たせるように、事前に確認していた**

 運動会の準備係として活躍しました。担当する準備物の置き場所を、事前
に詳しく質問していました。当日は、自分の責任を果たした後、他の物が
きちんと置かれているかを見回る冷静さもあってすばらしかったです。

❷ リーダーシップがあり、友だちから頼りにされている子

POINT 自分の考えだけを貫くのではなく、周りの思いや考えにも耳を傾けようとすることが、リーダーには不可欠です。また、友だちから頼られる存在になるための、責任のある言動を評価したいです。

日常 日頃の行動が立派で、友だちから頼られる存在になっていた

○ 日頃から友だちの思いに十分耳を傾けながら、やらなければいけないことをきちんと行っている姿を見て、友だちは困ったときに○○さんを頼っていました。これからもリーダーとして学級をいい方向に導いてください。

授業 友だちの長所を生かそうとしていた

○ 家庭科の調理実習で役割を分担する際、班の友だち一人一人の得意なことができるように役割を提案していました。友だちのことがよくわかっているからこそできるなと、感心しました。

学級活動 クラス遊びの決め方が丁寧だった

○ ○○さんの司会でクラス遊びの内容を決める際、クラス全員の意見を出してもらって、似たような考えはまとめたり、やりたい理由を聞いたりしながら、みんなが納得できるような話し合いの流れを作っていました。

児童会活動 委員長として意見をまとめ、考えを出していた

○ 児童会の委員長に立候補し、選出されました。活動内容を決めるときには委員のメンバーの考えをすべて聞いた上で、実現できる優先順位を根拠をもって示し、みんなが納得できる考えを導くことができました。

❸ 提出物などの提出期限を守る子

> **POINT**
> 決められた提出期限を守れているかどうかは、様々なことに丁寧に取り組めているかを見取る一つの指標となります。また、その子の責任感や信頼へとつながります。期限を守ることを大切にしている様子をしっかりと評価しましょう。

日常 提出物を確実に出すことができていた

〇 どんな提出物も期限内に確実に出すことができています。連絡帳にチェック欄を設けて提出すると印を入れるなど、自分なりに遅れたり忘れたりしない工夫をする丁寧さに感心しました。

日常 確実な宿題や課題の提出が学力につながっていた

〇 宿題や課題をしっかり行い提出している〇〇さん。きちんと行う習慣が身に付いているので、確実に学びが自分の力になっていて、そのことはテストの点数にも表れていました。

授業 不十分な状態でノート提出をしていた

△ 必要な内容を書ききれずにそのままノートを提出しているときがありました。少し遅れて出す旨を事前に伝えて、後で完全に書き終えてから出すことも、信頼される行動の一つの方法になると伝えました。

児童会 責任をもって委員会活動に取り組んでいた
活動

〇 新聞委員として月に一回学校新聞を発行していました。運動会の練習で毎日忙しい時期でも、隙間時間を見つけて取り組み、期限までに作り上げていたことに〇〇さんの責任感の強さを感じました。

教師が見ていなくても、自分の役割を着実に果たす子

POINT

自分の役割と責任を自覚している子どもは、教師の存在に関係なくしっかりと信頼される行動をとります。周りの子どもたちから聞いた内容や作文も参考に、意識して称賛する姿を見つけ出すこともよいでしょう。

日常 ## 掃除の分担を決め、きちんと行えていた

○ 掃除の時間に○○さんの担当場所に行くと、いつでもグループみんなできちんと取り組んでいました。グループをしっかりとまとめ、みんながそれぞれの分担を無言できれいにしている姿にいつも感動していました。

日常 ## 落ちているごみを自然に拾っていた

○ 教室に落とし物があると、整頓係としていつも自然に片づけています。廊下や階段にごみが落ちていても、誰も見ていなくても変わらず進んで拾う姿が○○さんのすばらしいところです。

児童会活動 ## 委員会活動でやるべきことを忘れていた

△ 委員会アンケートをクラスのみんなに配ることを忘れたことがありました。先生がいないと遊びに夢中になり、時間がすぎてしまったようです。任された仕事は責任をもって、しっかりとやりとげられるといいですね。

学校行事 ## 進んでクラス劇の練習をしていた

○ 学習発表会での劇の練習をしていた時期には、休み時間でも自分のセリフを全力で練習しているのがすごいと、友だちにほめられていました。クラス劇が仕上がるために自分のできることをしっかりやっていました。

5 創意工夫

❶ 発想が豊かで柔軟な子

> **POINT**
>
> 個々人や集団としてよりよい生活を送るために、学校生活の中で発想豊かに考えを出したり、新しい考えや方法を柔軟に受け止めたりする姿を認め、具体的な姿とともに評価するようにしましょう。

日常 クイズをしようと発想豊かに提案していた

○ 早くみんなのことがわかるように、毎日「私は誰でしょう」クイズをしようと、呼びかけました。理にかなっている○○さんの発想のお陰で、いつもクラスみんなで楽しく成長することができました。

学級活動 新しい係活動を考えて積極的に活動した

○ 係活動について話し合っているとき、「農業係」を新しく作りたいと提案しました。「飼育係の農作物版だ」と豊かな発想でみんなに伝え納得させました。柔軟な○○さんの考えにはいつも驚かされます。

児童会活動 根拠ある豊かな提案ができた

○ 福祉委員会の活動計画を立てるとき、「地域のお年寄りに、あさがおをプレゼントしよう」と提案しました。今まで取り組んだことのない内容でもなるほどと説得力がある豊かな提案に、拍手がおこりました。

❷ クラスや係活動等をよりよくする 改善や提案ができる子

POINT

高学年になると、クラス内で様々な考えを出し合うことができます。考えの違いが生じることもあるでしょう。そんなときに、理由を添えながら自分の考えを提案し、工夫して生活をよりよくしようとしている姿を見取りましょう。

日常 宿題を確実にやろうと呼びかけていた

○ クラス全体の宿題の提出率が悪いと感じた○○さん。全員が出せるように、班で声をかけ合おうと呼びかけました。そのお陰で、提出し忘れる子が減り、クラスみんなで成長することができました。

学級活動 給食を残さず食べようと呼びかけた

○ 給食委員会の呼びかけもあって、残食を減らす工夫をクラスで考えました。○○さんが、食缶をもってみんなの席をまわり、少しずつ配ってくれたお陰で、毎日残食がほとんどありませんでした。

児童会活動 広く意見をもとめる方法を提案した

○ 「もっともっと素敵な学校にするために、目安箱を設置しよう」と社会で学んだことを活用し、児童会役員として提案しました。あいさつ運動や児童会祭りなど、新たな取り組みが始まりました。

学校行事 グループ分けの方法を提案していた

○ 修学旅行での活動班を決めるとき、今まであまり関わったことのない者同士がグループになれるようにしようと提案していました。そのほうがクラス全員とより仲良くなれるという考えに、友だちも納得していました。

③ 学習したことを生活に生かそうとする子

POINT 授業と生活とを切り離さず、子どもの生きる力となるように指導したいものです。授業で学んだことがどのように活用できるかを伝えておくと、子どもも実践しやすく、教師も見取りやすくなります。

日常 敬語の使い方が上手になっていた

○ 国語の時間に敬語について学習しました。日頃から丁寧に話す○○さんが、授業の中で学んだ文例を使ってさらに丁寧に職員室で話しているのを聞いて、学習したことを生活の中で活用していることに感心しました。

日常 家庭科で学んだことを掃除で生かしていた

○ 家庭科の「クリーン大作戦」の勉強で、隙間を掃除することのよさを知りました。小道具を自分で作って、実際に掃除の時間に活用してみると、隅々までとてもきれいになり、みんなの心もきれいになりました。

学級活動 音楽で学んだ曲を、創作劇に使っていた

○ お楽しみ会で自分たちの創作劇を披露しました。BGM には音楽の授業で学習した曲を使用したり、学習した歌を歌ったり、リコーダーで演奏したりし、うまく取り入れて素敵な劇になったことに感心しました。

学校行事 地理を感じながら修学旅行に行っていた

○ 修学旅行の新幹線で「今は兵庫県だ。姫路城が見えた」と話しているのを聞いて、○○さんが社会の授業で学んだ知識をもちながら旅行を楽しんでいることを感じ、すばらしいなと思いました。

④ 自分に合った方法を見つけ出すことができる子

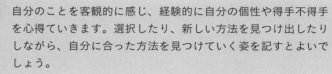

POINT 自分のことを客観的に感じ、経験的に自分の個性や得手不得手を心得ていきます。選択したり、新しい方法を見つけ出したりしながら、自分に合った方法を見つけていく姿を記すとよいでしょう。

日常 **やるべきことをすぐに片付けていた**

○ 自分がいろいろな行動に時間がかかってしまうということを感じて、やるべき事を後回しにしないで、できるときにすぐに終わらせようとしている○○さんの取り組む姿勢がすばらしいなと思いました。

授業 **課題をためてしまって苦労していた**

△ 文字を一気に書くことは苦手だと言っていましたが、漢字の書き取りを後回しにしてしまって、最後に苦労して仕上げていました。少しずつやるほうが自分にとってはよいことに、気づけていました。

クラブ活動 **試行錯誤しながらプログラミングをしていた**

○ パソコンクラブでは、リズムづくりのプログラミングに挑戦していました。自分の想定したリズムになるにはブロックをどう組み立てるといいのかを、失敗を繰り返しながら試行錯誤して自分の方法を見つけていました。

学校行事 **自分に合った気持ちを伝える方法を使っていた**

○ 運動会の表現活動をして思ったことを伝え合いました。「自分は言葉で言うよりも、文で書くほうがよい」と話し、○○さんの思いは作文に書いてからみんなに伝えていました。とても素敵な方法でしたね。

6 思いやり・協力

❶ 男女関係の区別なく、
友だちと協力し合って活動する子

POINT
異性への関心が高まる高学年期。男女がお互いを認め合い、思いやる心を育てることが大切です。異なる意見や立場を尊重し、協力して集団生活の向上を図ろうとしている姿を積極的に評価するようにしましょう。

日常 休み時間に男女関係なく、色々な友だちと楽しく過ごした

◯ 聞き上手でしっかりと友だちのよさを認めてくれるので、休み時間になると、◯◯さんの所には男女関係なくたくさんの友だちが集まります。友だちが困っているときは、自然と協力し合って行動する姿に感心します。

クラブ活動 互いに協力し合っていた

◯ 料理クラブでは、互いの思いを尊重して役割を決めたのち、男女関係なく声をかけ合ってそれぞれの進み具合を確認しながら、遅れている友だちには自然に手伝うなど、互いに協力し合って、お菓子づくりをしました。

学級活動 異なる意見を取り入れ、新しい学級遊びを考案した

◯ クラス遊びで何をするか男女で意見が分かれた際、◯◯さんが双方の意見を取りまとめ、「2組ボール」という新しい遊びを提案してくれました。◯◯さんのおかげでみんなが楽しく過ごせる学級になりました。

みんなのことを考えながら進んで活動している子

 POINT 自分の考えが確立し始める時期。自我も育ち、つい利己的な態度になる場面も現れます。そんな中、全体と自分との調和を保ちながら、思いやりをもってみんなのことを考えている発言や行動を見逃さずに評価しましょう。

日常 ## 思いどおりにならないとあからさまに不満な態度を出していた

△ 明るい○○さんは学級の人気者です。一方で思いどおりにならないと不満を態度に出し、周りが気を使う場面が何度もありました。自分のことだけでなくみんなのことを考えられるようになるとなおよいでしょう。

授業 ## みんなのことを考えながらプレゼン資料を作成していた

○ 「歴史上の人物を紹介しよう」では歴史に興味がない子にもわかるようにと、みんなが知っている昔話や人物の話題を取り入れるなどの工夫をし、学級全員を魅了しました。

児童会活動 ## みんなが楽しめるよう意欲的に取り組んでいた

○ 児童会主催のゲーム集会では、1年生から6年生まで楽しめるようにと、○×クイズの内容を役員で考えていました。休み時間をほとんど費やすなど、全員の意見を聞きながら意欲的に取り組む姿勢に感動しました。

学校行事 ## 学級全員の活躍を考えた提案をしていた

○ 学年親睦会で披露することになった学級劇。一部の子だけが活躍してしまうような流れになったときに、○○さんが親睦会の意味を丁寧に説明し、新しい演目を提案してくれたおかげで学級が一つにまとまりました。

③ 相手の立場に立って考えることができる子

POINT

低・中学年期に様々な経験を積んできた子どもたち。高学年になると自分の経験則で物事を見たり、評価・判断したりする傾向が見られます。経験則だけでなく、相手の立場を俯瞰して見るなど集団生活の向上に努める姿を評価しましょう。

日常　相手のことを考えてプリントを配付していた

○ プリントを配る際、受け取る側が見やすい向きに変えて相手に渡す○○さん。その行為を学級に紹介するとみんなが○○さんの真似をし始め、学級全体に相手を思いやる心が芽生えました。

クラブ活動　解き方のわからない友だちを励ましていた

△ バスケットボールクラブでは、下級生の苦手な子に、きびしい口調で指示し、自分たちだけが楽しんでいる様子が見られました。相手の気持ちを考え、やさしく声をかけ教えたり励ましたりできるよう、心がけましょう。

児童会活動　喜んでもらいたい気持ちから毎日世話をしていた

○ 一人暮らしの高齢者の方々にアサガオを育てて配る活動では、きれいな花を咲かせて喜んでもらいたいという強い思いで毎日忘れずに世話をしている姿がとても印象に残っています。とても感謝されていましたね。

学級活動　ケガをした友だちに積極的に関わろうとしていた

○ 骨折していた友だちが牛乳を運ぼうとすると「今日は僕が運ぶから休んでいいよ」と当番でもないにもかかわらず、積極的に行動に移してくれました。○○さんの行動を見て、助け合う風潮が学級内に生まれました。

困っていたり一人で過ごしていたりする 友だちにやさしく声をかけられる子

POINT

 困っている子がいれば助けることは誰もがわかっていることです。しかし、他者からの評価を意識し始める高学年期はなかなか行動に現せないこともあります。当たり前のことを当たり前のこととして実行している児童を大いに賞賛しましょう。

日常 忘れ物をして困っていた友だちのことを想って行動していた

○ テストで消しゴムを忘れてしまい、困っていた友だちに、自分の消しゴムを二つに割ってそっと貸していました。友だちのために誰にも言わずに、自分でできることを考え実行する姿に感動しました。

日常 休み時間を一人で過ごしていた友だちに声をかけていた

○ 休み時間に一人で過ごしていた友だちに、さりげなく声をかけ、学級遊びの輪の中に引き込んでくれました。いつも全体を客観的に見ている○○さんの言動が学級の人間関係に広がりと深みをもたらしてくれました。

学級活動 席替えの際に友だちを追い込むような言葉を発していた

△ 席替えで一人取り残された友だちに「お前が悪い」と伝え、学級が重苦しい雰囲気となりました。クラスの人気者の○○さんの発言はみんなからの注目の的です。相手のことを考えた言動が取れるように努力しましょう。

学校行事 班決めでもめた際、全体のことを考え行動できた

○ 修学旅行の班決めの際に、なかなか班が決まらなかった友だちにそっと声をかけてくれました。修学旅行当日も班員みんながなじむようにと積極的に声かけをし、調和を取っていた姿が印象的でした。

7 生命尊重・自然愛護

❶ 自然・動植物に対する関心が高く、自ら関わろうとする子

POINT

中学年期が幅広く自然や動植物に興味をもつ時期であるとしたら、高学年期はより深くその関心を捉え疑問をもち、自分で解決するようになる時期と言えます。そのような姿を的確に見取り、自然や動植物に直接的に関わろうとする姿を評価します。

日常 **自主勉強ノートに自然に関して調べたことをまとめていた**

○ ○○さんの自主勉強ノートは環境問題や動植物の保護活動に関することが多く、新聞の記事等の確かな情報と自分の考えを示しているので非常にわかりやすく、先生も勉強させてもらっています。

クラブ活動 **環境問題についてわかりやすく伝えていた**

○ 理科クラブでは、環境問題に関心をもち、古紙を使った紙づくりを行いました。○○さんが中心となって積極的に手順を調べて製作し、児童朝会で、自然の森が失われている問題をわかりやすく伝えていました。

学級活動 **栽培係としての仕事に主体的に取り組んでいた**

○ 栽培係として単に植物を育てるだけでなく、低学年にも植物に興味をもってもらおうと畑にイラストを入れた看板や説明の紙を掲示しました。毎日低学年の子どもたちがうれしそうに植物の成長を確認しています。

❷ 動植物の命を大切にし、進んで世話ができる子

POINT　生き物や植物を育てるためには、水やえさやりなどの毎日の世話が非常に重要です。価値観が育ち、自分だけで意思決定ができるようになる高学年では、命あるものを愛情と責任をもって育て、命の大切さを実感している様子を捉え、評価しましょう。

児童会活動　見ていないところで生き物の世話をしていた

○　美化委員会では、○○さんの提案でお客さんを迎えるために花壇を作って季節の花を育てることにしました。毎日の水やりはもちろん、当番ではないのに定期的に草抜きを行うなど責任をもって育てていました。

学級活動　亡くなった熱帯魚のお墓を作った

○　学級で飼っていた熱帯魚が亡くなったとき、生き物係である責任を感じていた○○さん。涙を流しながら、お墓に向かって手を合わせる姿に先生も胸打たれました。大切に育ててくれたことに感謝しています。

学級活動　学級での生き物の飼い方について提案した

○　一部の人しか面倒を見ていない昆虫や魚の飼い方について、飼育している目的を確認・共有し、学級全体で関わろうとする仕組みを提案してくれました。どんなに小さな命でも大切にしようとする学級になってきました。

学級活動　自分が嫌な仕事は人に任せていた

△　飼育係として生き物の命を大切にしようと取り組んでいた姿勢は立派でした。一方で、水を替えたり、水槽を磨いたりするような面倒な作業は友達に任せてしまうところがありました。気をつけましょう。

❸ 自分の誕生に感謝し、生きる喜びと命を大切にしている子

POINT 家族をはじめとする多くの方の支えがあって自分は生きているんだということは理解しています。しかし、感謝の思いをうまく伝えることが不得手な時期でもあります。気持ちを素直に表せる場面を設定し、何気ない言葉や行動を取り上げましょう。

学校行事 ｜ 修学旅行の講演から命のあることに感謝していた

○ 平和公園での原爆被爆者の講演で「命がまだある限り全力で生き抜きたい」という言葉に強く感銘を受け、「無念にも亡くなられた方の分まで今ここにある命に感謝して日々を大切に生活する」と強く誓いました。

日常 ｜ 行き過ぎた言動が目立っていた

△ 助産師さんから「自分は先祖からつながった奇跡的な確率で誕生した命」であることを聞き、改めてお家の人たちに感謝の気持ちを伝え、今後命のバトンをつなぐために、自分に誇りをもてるようになると宣言しました。

授業 ｜ 行事の振り返りに両親への感謝の言葉が書き添えられいた

○ 「感謝」と記した卒業文集の作文。○○さんは両親への想いを「すばらしい両親から授かった命を懸命に守り抜くことが夢」だと綴りました。素敵な夢をいつまでも抱き続けてください。

授業 ｜ 1分スピーチで「命」の大切さについて強く訴えた

○ 朝の1分スピーチで幼い命が失われた事件のことを「二度とあってはいけないことである」と涙ながらにクラスのみんなに訴えていた姿が印象的です。命の在り方について考えることができた、よい時間となりました。

④ 年下の子どもやお年寄りに やさしく接することができる子

POINT

高学年になると、異学年交流など、学校生活でお兄さん・お姉さんとしての役割・関わりが求められます。また学校を代表してお年寄りや未就学児と関わる機会もあります。思いやりをもって自ら関わる姿を具体的な言葉で評価するとよいでしょう。

日常 休み時間に低学年の子にやさしく接していた

○ 明るく活発な○○さん。先生が感心するのは、定期的に低学年の子と一緒に遊んでいる姿。遊んでもらった低学年の子は「あんな6年生になるんだ」と○○さんに尊敬の念を抱いています。すばらしい活動です。

児童会活動 低学年との遊びを一生懸命考えていた

○ 低学年との交流会の内容を一生懸命に考えた○○さん。常に低学年の子たちがどう思うのかということを考えながら作った遊びは、大好評でした。さりげなくやさしく接している姿に成長を感じました。

学校行事 お年寄りとの交流会でやさしく関わっていた

○ 敬老の集いの発表会では見事なダンスを披露することができました。その後のお年寄りとの交流会では車いすのおばあさんの手を取り、ひざまずいて目線を合わせ、やさしく微笑んでいた姿が印象的でした。

学校行事 自分が一番楽しむことを考えていた

△ 明るく元気な○○さん。低学年との交流会では、自分が楽しむことに一生懸命になってしまって、低学年の子を困らせてしまう場面がありました。年上である自覚と責任ある行動ができるようになるとよいですね。

8 勤労・奉仕

 働くことの大切さを知り、一生懸命取り組んでいる子

 POINT
一人一人が自分の役割を果たさないと学級はうまく機能しません。 また役割を果たすことで学年や学校全体に役立っているということを実感させることが大切です。一生懸命に働いている姿を適切に評価するようにしましょう。

児童会活動 **学校全体のことを考え、係の仕事に取り組んでいた**

○ 運動会では、体育委員会として準備係になりました。競技の間をいかに短くして、きちんと準備することが、学年や学校にとって素敵な運動会になるんだと、きびきびした動きで走って準備していた姿が印象的でした。

学級活動 **宿泊行事の実行委員として活躍していた**

○ みんなが楽しめる宿泊行事になるようにと実行委員として毎放課後打ち合わせを重ね、話し合った企画を何度も担当の先生に説明していた姿が印象的です。みんなの思い出に残る最高の宿泊行事になりました。

学校行事 **奉仕活動に積極的に取り組んでいた**

○ 地域の方への日頃の感謝を込めての清掃活動。○○さんからの清掃範囲拡大の提案を受け、河原や公園まで清掃しました。きれいになった河原や公園を見て、地域の方々は大喜びしていました。

❷ 人の嫌がるような仕事でも進んで行っている子

POINT

自分が興味をもったこと、好きなことだけに取り組んでいては集団としては機能しません。これは社会においても同じことが言えます。人があまり好まない仕事に積極的に取り組む姿を最大限に評価しましょう。

日常 汚れた水槽をきれいに掃除していた

◯ 「汚れた水槽では気持ちよく魚は暮らせない」と定期的に水槽の様子を見ては水の入れ替えや水槽の掃除をしてくれた◯◯さん。◯◯さんのおかげで魚はもちろん、学級のみんなも気持ちよく過ごすことができています。

学級活動 食器棚をきれいに拭いて戻していた

◯ ◯◯さんは係でもないのに、給食後の残菜などがこぼれている配膳台を必ずきれいに拭いて片づけてくれます。そんな◯◯さんの姿に影響を受けて真似する友だちが少しずつ増えてきました。

児童会活動 学級代表の仕事を引き受け、積極的に取り組んでいた

◯ 責任の重たさと時間が拘束されることからか、なかなか決まらなかった児童会役員の選出。そんな中自ら立候補し、その役割を全うしてくれました。◯◯さんは誰もが認める学級のリーダーです。

学校行事 実行委員の仕事を全うできなかった

△ 自ら進んで立候補した修学旅行実行委員でした。意欲的に取り組んでいる姿が見られた一方で、みんなが嫌がる放課後の印刷作業やしおりの製本等の仕事の際に、自分のことを優先した姿は残念でした。

❸ 黙って人のために行動できる子

日常 ケガをした友だちの面倒を見ていた

〇 誰も見ていないところでケガをしてしまった低学年の子をそっと抱え、保健室に連れて行ってくれたことがありました。手当もきちんとしてくれたことを保健室の先生もほめていました。

日常 自分で貯めたお金を使って募金していた

〇 赤い羽根やユニセフの募金活動の際には、募金することを欠かさない〇〇さん。「みんなのために」と毎月のお小遣いから募金分を貯めていることをお母さんから聞きました。大変立派な姿勢です。

授業 教科書を忘れた友だちに貸してあげていた

〇 教科書を忘れた子に「どうぞ」と貸してあげる〇〇さん。それだけではありません。落とし物を拾って持ち主に届ける、休んだ子のプリントを折って机の中に入れる等、〇〇さんの他者への気配りには頭が下がります。

日常 落ちているごみを当たり前に拾っていた

〇 階段や廊下によくごみが落ちていても、知らんふりして通り過ぎたり、またいだりする人が多い中、どんなに急いでいても、当たり前のように、自然と拾って捨ててくれます。〇〇さんは誰からも信頼されています。

4 自分の仕事だけでなく、進んで友だちの仕事を手伝っている子

POINT 高学年期は全体のことを自ら考えて行動してほしい時期。困っている人や止まったプロジェクト等に気づいたら、何かできることはないかと考える児童を育みましょう。そのような姿を評価することで、他者に積極的に関わる児童が増えていきます。

日常 他の人に手伝うことはないかとたずねていた

〇 見通しをもって取り組むことのできる〇〇さんは、何事もすばやく終わらせることができます。終わった後には必ず「困っていることはないですか」と友だちにたずね、積極的に手伝う姿が大変すばらしいです。

授業 同じ班の友だちの作業を手伝っていた

〇 社会科のプレゼンテーション。自分の役割をこなした後、友だちの分の原稿作成を手伝う姿が見られました。自分のことだけでなく、班のために積極的に他者へ関わろうとする姿をこれからも大切にしてください。

学校行事 時間になっても終わらない下級生の仕事を手伝っていた

〇 運動会応援団のダンスを覚えられない下級生に、練習後、付きっきりで教えていた〇〇さん。「うまくなったね」「いいぞ！」などの肯定的な言葉をかけ、上手にやる気を引き出していました。とても頼もしかったです。

児童会活動 自分の仕事を終えると、すぐに帰っていた

△ 仕事の早い〇〇さん。体育委員会では自分の仕事が終わるとさっさと帰ってしまう姿が度々見られました。予定があったとしても一言声をかけたり、心配するだけでも〇〇さんへの信頼が戻るでしょう。

9 公正・公平

❶ 一方の意見にとらわれず、
落ち着いて判断ができる子

POINT 自信のなさが自分の意見を押し通そうとする姿につながったり、友だちへの依存へとつながったりするなど、冷静に物事を判断することが難しい時期であります。仲のいい友だちでも、意見の正当性を図って冷静に判断できる子どもを育てたいものです。

授業 ディベートで周りに流されず、冷静に判断していた

○ 国語で取り組んだ討論会の判定をする際に、多くの子が多数派に流れる中で、互いの意見を客観的に分析し、きちんと理由を踏まえて判定することができました。

児童会 活動 学級会で、客観的に物事を見て意見していた

○ ○○祭りの出し物を話し合った際、少数ではありましたが低学年のことまできちんと考えられた提案に対し、○○さんが冷静にわかりやすく価値づけしてくれました。出し物は大成功。学級のよい思い出となりました。

学校 行事 運動会で従来どおりにとらわれず新しい提案を行った

○ 運動会のはじめの言葉。○○さんの「いろいろな学年の児童に活躍の場を」という意見が採用されました。従来どおりにとらわれず目的を冷静に問い直した○○さんの姿は全員が見習うべき姿でした。

❷ 仲間はずれやいじめを許さない子

POINT 高学年になると交友関係が広がり、周りの目、評価されること
に過敏な時期でもあります。そんな中でもいじめに対し「それ
は絶対にいけない」ことを言葉や態度に現す子どもに、最大級
の賞賛と評価をしましょう。

日常 いじめにつながりそうな行為に対し言葉で正そうとしていた

〇 友だちが嫌がりそうなあだ名を付けられる場面に立ち会った際、「それは
冗談では済まされないよ」と勇気をもって注意してくれた○○さん。○○
さんのおかげで相手が傷つくような言動が見られなくなりました。

日常 休み時間に仲間はずれにする下級生にきちんと注意していた

〇 ドッジボールで下級生が一人の子を仲間はずれにしようとした際、「それ
はよいことかな?」とやさしく相手にたずね、注意してくれました。その
子の担任も○○さんの言動は高学年の鑑だと高く評価していました。

日常 友だちに傷つくような発言をした

△ 仲の良いグループで行動することが多くなり、あまり親しくない友だちに
勢いあまって傷つくような発言をする場面がありました。みんなが気持ち
よく生活できるよう誰とでも上手に付き合っていけるといいですね。

クラブ活動 いじめ事案に対し、涙を流しながら発言をしていた

〇 ○○クラブでは、いつも仲のいい友だちが下級生に嫌なことを言っていた
とき、「そうするために学年やクラスが違う人たちが集まってるのか」と
毅然とした態度で注意していました。みんなから抜群に信頼されています。

③ 自分に悪いところがあれば素直に認め、改めようとする子

POINT　高学年になると、自分のよくないことに対する指摘を素直に受け止められずに、反発的・反抗的な態度や言動をとることがあります。そうではなく、素直に認め相手に謝意を示す言葉や今後改めようとする態度をしっかりと捉えることが大切です。

日常　悪かった点を素直に認め、謝ることができた

○　友だちとの意見の相違からもめごとに発展しそうになると、決まって○○さんからまず自分のよくなかったところを伝え謝罪します。学級の雰囲気を一番に考え、行動してくれる○○さんにいつも助けられています。

日常　非を認めずに、不満をあからさまに態度に出していた

△　ケンカをした際に、相手の批判ばかりし、自分の言動を顧みない傾向が伺えます。自分の課題点を振り返り、認め改めることで自身の成長につながります。○○さんの素敵なところがさらに浮き彫りになることでしょう。

学校行事　話がまとまらないのは自分のせいだと全員に謝罪した

○　宿泊行事の話し合いで意見がまとまらなかった際に、「勝手だ」と注意されるとすぐに否を認め、謝罪していました。学級のことを考えた○○さんの言動は大変勇気ある行動であったと感心しています。

クラブ活動　よくないところを認め改善案を考えて練習した

○　音楽クラブでは、合奏で演奏がまとまらないときに、部長から「だんだん速くなるよ」と指摘されましたが、すぐに謝罪し、速さに気をつける方法を考え練習にのぞみました。みんなからの信望が厚い理由がわかります。

4 自分の考えと違っても決まった意見に従うことができる子

POINT

高学年は大人よりも友だちとの関係の中で自分を見出そうと、自分の意見や考えを押し通そうとする姿が見られます。主張できることのすばらしさを認める一方で、集団生活で決まった意見はみんなで進めていく大切さも同時に育みましょう。

授業 ## 意に反する作戦に決まっても、チームのために動いていた

○ 体育で取り組んだバレーボール。○○さんが一生懸命に立てた作戦が採用されなかった際、「チームのためになるなら気にしないで」と決められた作戦に文句一つ言わずに練習していたひたむきさに感動しました。

児童会活動 ## 決まったことに対し、よりよくするための提案をしていた

○ 児童会遊びのルールを決める際に、○○さんの本意ではないルールに決まったにもかかわらず、「学校のために」の視点からさらに改善案を示してくれました。柔軟に対応できる○○さんの姿はみんなのお手本です。

学級活動 ## 自分の意見が通らずに、決まった企画に参加しなかった

△ 6年生を送る会の出し物を考える際、○○さんの意見が通らず学級の企画に参加しませんでした。自分の意見をもち、伝えることは大変立派です。他者の意見を受け止める広い心をもてるようになるとなおよいでしょう。

学校行事 ## 希望が通らなくても、気持ちよい態度で受け入れていた

○ 覚悟をもって学級代表に立候補した○○さん。結果は残念でしたが、決まった友だちに「おめでとう」と笑顔で握手をして、相手を称える姿は大変立派でした。

10 公共心・公徳心

❶ 人に迷惑をかけないように
約束やきまりを守って生活できる子

> **POINT**
> 「よい」「悪い」の分別がしっかりとつくようになる高学年。約束やきまりを守らないことが学校や学級全体によい影響を与えないことや迷惑になることをしっかりと理解して生活している言動を評価しましょう。

日常 他者のことを考え、約束事やルールを守っていた

○ 他者に不快な思いをさせないように約束事や学級のルールをきちんと守る○○さん。その姿勢を何度も学級会の中で取り上げ、紹介しました。○○さんのおかげで他者に対して気配りのできる学級になってきました。

授業 授業開始が遅れクラスのみんなに迷惑をかけた

△ 休み時間中に音楽室に移動しなければいけないのに、チャイムがなってもずっと教室にいて友だちとしゃべり続け、授業開始が大幅に遅れたことがありました。最高学年としての自覚をしっかりともって行動しましょう。

クラブ活動 率先して、できることから準備に取り組んでいた

○ ソフトボールクラブでは、準備が多いので遅れると試合や練習の時間が少なくなることから、常にすぐに体操服に着替えてグランドに集まり、ラインを引いたりしてできることから始めていた姿はみんなのお手本です。

友だちにもきまりを守るように呼びかける子

 POINT
高学年になると、正義感も強くなり、ルールに違反した友だちを非難する場面が見られるときがあります。非難ではなく、よりよい集団生活を送るためにきまりを守ろうと、学校・学級のために友だちに進んで関わっている具体的な姿を記しましょう。

学級活動 **クラス遊びのルールを無視していた児童に注意していた**

○ みんなで決めた遊びのルールに背いて行動していた友だちに対し、ルールを決める際にかけた時間の意義をきちんと伝え、決まりを守るようにさとす姿が見られました。○○さんの姿は学級のよき手本となりました。

学級活動 **きまりを守らない友だちにきびしく注意していた**

△ 学級で決めた決まりを自分のいいように解釈し、守らない友だちにきつく注意したことがありました。友だちに呼びかけてくれたことはすばらしいことですが、もう少し丁寧に注意できると、なおよかったと思います。

児童会活動 **あいさつ運動を一生懸命に行っていた**

○ 児童会の取組みで行ったあいさつ運動。「朝あいさつすると気持ちがいいですよ」と呼びかけながら、人一倍大きな声で取り組んでいました。運動が終わった後も、「おはよう」の声が校門に響くようになりました。

学校行事 **学級で決めたきまりを無視する友だちに注意していた**

○ 運動会の騎馬戦の練習では、危険なので服を引っぱらないというルールがあるのに、夢中になりすぎて守らない友だちに、「勝ちたいという気持ちはわかるけれど、けがをしたら大変だよ」とやさしく声をかけていました。

❸ 校外学習や遠足などで
公衆のマナーをわきまえて行動している子

 POINT 通常の校内での生活だけではなく、校外における学習においても、他者に迷惑をかけない行動を取ることができる、「学校の顔」として高学年はありたいところです。具体的な素敵な言動を見取り、大いに賞賛して記述しましょう。

学校行事 すれ違う人たちに笑顔であいさつをしていた

○ 登山遠足で、すれ違う人たちに笑顔で「こんにちは」とあいさつしていた姿が印象的でした。○○さんの笑顔と声でたくさんの人たちが元気をもらったことでしょう。

学校行事 周りのことを考えて昼食の場所を選んでいた

○ 宿泊学習の宿舎では、他のお客さんや他の学校の人たちに迷惑にならないように、廊下を走らず、部屋では大声で暴れないようにしようと気をつけていた姿が、やがて学年全体に広がっていきました。

学校行事 周りのことを考えずに行動していた

△ 電車に乗る際に、我先にと電車に乗り、空いている座席まで走る姿が見られました。明るい雰囲気で学級を盛り上げようとしてくれているのでしょうが、公衆のマナーをわきまえて行動できるように気をつけましょう。

学校行事 電車の中でお年寄りの方に席を譲っていた

○ 校外学習では、お年寄りが電車に乗車されると、すぐに席を譲る姿が見られました。汗ばんでおられたお年寄りの様子を見て、「窓を開けましょうか」と相手を気遣う声かけをしている姿は高学年として大変立派でした。

❹ 国や郷土の文化を大切にし、愛する心をもつ子

POINT 高学年では、学級や学年、学校にかかることだけでなく、自分が住んでいる地域、さらに視野を広げてわが国の人々や伝統・文化を愛し、大切にして、人々の役に立つことを進んで行動している児童を評価することがポイントです。

授業 古典を通して昔の人の物の感じ方を理解していた

○ 国語で学習した「柿山伏」をきっかけに、日本の伝統文化に興味をもち、観劇や演奏会に足を運ぶようになった○○さん。感想をレポートにまとめ、週明けに必ず学級に紹介してくれました。

授業 諸外国の作品の鑑賞を通して、よさを認めようとしていた

○ 「異国の文化に触れよう」では、それぞれの国の作風のよさを感じ友だちに上手に伝える姿が見られました。自主勉強ではそれぞれの国の作風で作品を描き分け、廊下に掲示した作品はみんなから称えられました。

授業 歴史学習を通して、伝統文化に興味を抱き、まとめていた

○ 歴史学習を通して、万葉集や古事記などの歴史書や琵琶などの伝統楽器に興味を抱いた○○さん。作られた当時の環境や人々の想いまで調べ、レポートとしてまとめ、みんなの前で発表してくれました。

学校行事 日本と諸外国との文化の違いを受け入れられなかった

△ ○月に行われた鑑賞会では、外国の音楽文化に興味がもてず、はじめから終わりまで友だちと喋る姿が見られました。違いを認めることで○○さんの友だち関係や世界観はますます広がることでしょう。

• 参考資料 •

———

小学校児童指導要録
様式2（指導に関する記録）

様式2 （指導に関する記録）

児 童 氏 名		学 校 名		区分＼学年	1	2	3	4	5	6
				学 級						
				整理番号						

各 教 科 の 学 習 の 記 録 ／ 特 別 の 教 科 道 徳

教科	観　点＼学　年	1	2	3	4	5	6
国語	知識・技能						
	思考・判断・表現						
	主体的に学習に取り組む態度						
	評定						
社会	知識・技能						
	思考・判断・表現						
	主体的に学習に取り組む態度						
	評定						
算数	知識・技能						
	思考・判断・表現						
	主体的に学習に取り組む態度						
	評定						
理科	知識・技能						
	思考・判断・表現						
	主体的に学習に取り組む態度						
	評定						
生活	知識・技能						
	思考・判断・表現						
	主体的に学習に取り組む態度						
	評定						
音楽	知識・技能						
	思考・判断・表現						
	主体的に学習に取り組む態度						
	評定						
図画工作	知識・技能						
	思考・判断・表現						
	主体的に学習に取り組む態度						
	評定						
家庭	知識・技能						
	思考・判断・表現						
	主体的に学習に取り組む態度						
	評定						
体育	知識・技能						
	思考・判断・表現						
	主体的に学習に取り組む態度						
	評定						
外国語	知識・技能						
	思考・判断・表現						
	主体的に学習に取り組む態度						
	評定						

特 別 の 教 科 道 徳

学年	学習状況及び道徳性に係る成長の様子
1	
2	
3	
4	
5	
6	

外 国 語 活 動 の 記 録

学年	知識・技能	思考・判断・表現	主体的に学習に取り組む態度
3			
4			

総 合 的 な 学 習 の 時 間 の 記 録

学年	学習活動	観　点	評　価
3			
4			
5			
6			

特 別 活 動 の 記 録

内　容	観　点＼学　年	1	2	3	4	5	6
学級活動							
児童会活動							
クラブ活動							
学校行事							

児 童 氏 名

行 動 の 記 録

項　　　目 ＼ 学　年	1	2	3	4	5	6	項　　　目 ＼ 学　年	1	2	3	4	5	6
基本的な生活習慣							思いやり・協力						
健康・体力の向上							生命尊重・自然愛護						
自主・自律							勤労・奉仕						
責任感							公正・公平						
創意工夫							公共心・公徳心						

総 合 所 見 及 び 指 導 上 参 考 と な る 諸 事 項

第1学年		第4学年	
第2学年		第5学年	
第3学年		第6学年	

出 欠 の 記 録

区分＼学年	授業日数	出席停止・忌引等の日数	出席しなければならない日数	欠席日数	出席日数	備　　　考
1						
2						
3						
4						
5						
6						

◆ 監修者

梶田 叡一 （かじた・えいいち）

京都大学文学部哲学科（心理学専攻）修了。文学博士。国立教育研究所主任研究官、大阪大学教授、京都大学教授、兵庫教育大学学長、環太平洋大学学長、奈良学園大学学長などを歴任。中央教育審議会元副会長、教育課程部会元部会長。現在、桃山学院教育大学学長、学校法人聖ウルスラ学院理事長、日本語検定委員会理事長、中央教育審議会初等中等教育分科会委員。著書に『人間教育のために』『〈いのち〉の教育のために』（以上、金子書房）、『教師力の再興』（文溪堂）他、多数。

◆ 編著者

古川 治 （ふるかわ・おさむ）

大阪府箕面市立小学校教諭、箕面市教育委員会指導主事、箕面市教育センター所長、箕面市立小学校校長、箕面市立中学校校長、東大阪大学教授、甲南大学教職教育センター教授などを経て、現在、桃山学院教育大学客員教授、日本人間教育学会顧問、日本教師学学会監事、いのちの教育実践研究会理事長。中央教育審議会元専門委員。著書に、『自己評価活動が学校を変える』（明治図書）、『ブルームと梶田理論に学ぶ』（ミネルヴァ書房）、『21世紀のカリキュラムと教師教育の研究』（ERP）他、多数。

陸奥田 維彦 （むつだ・しげひこ）

大阪府箕面市立小学校教諭、豊中市立小学校教諭を経て、箕面市教育委員会指導主事、箕面市立小学校、中学校教頭、箕面市教育センター所長、箕面市立箕面小学校校長を経て、現在、箕面市立西南小学校校長。「小中学校に共通した授業スタンダードの創造（主体的・対話的で深い学び）」「授業づくり」「若手教員育成」等の研究を行い、市内外の研究会、研修会で講義・講演を多数行う。「宮古島市立小中一貫教育学校結の橋学園教育課程基本構想」アドバイザーを務める。著書に『子どもの成長をしっかり伝える　通知表所見の文例＆ポイント解説』（共著、学陽書房）、『教育フォーラム64』（共著、金子書房）他。

◆ **文例執筆者**（50音順、所属は2020年6月現在）

南波 明日香（大阪府豊中市立螢池小学校教諭）

日野 英之（大阪府箕面市教育委員会指導主事）

南山 晃生（大阪府箕面市立東小学校元校長）

六車 陽一（立命館小学校教頭）

龍神 美和（大阪府豊能町立東ときわ台小学校教諭）

子ども・保護者にしっかり伝わる
通知表所見　文例と書き方
小学校高学年

2020年7月9日　初版発行
2023年3月8日　2刷発行

監修者　梶田　叡一

編著者　古川　治・陸奥田　維彦

発行者　佐久間重嘉

発行所　学 陽 書 房

〒102-0072　東京都千代田区飯田橋1-9-3
営業部／電話　03-3261-1111　FAX　03-5211-3300
編集部／電話　03-3261-1112
http://www.gakuyo.co.jp/
振替　00170-4-84240

ブックデザイン／スタジオダンク　DTP制作・印刷／精文堂印刷
製本／東京美術紙工

◎好評既刊◎

叱ってばかりの毎日から抜け出せる！
様々な子どもへの働きかけ方法を紹介！

学級経営における、高学年の「叱らない」指導を紹介。ついつい叱りがちなことも、少し対応を変えるだけで、子どもがぐんぐん成長する！　「聴く」「伝える」「教える」「諭す」といった叱る以外の対応方法がよくわかる！

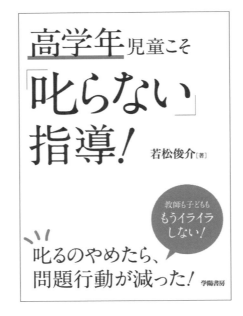

高学年児童こそ「叱らない」指導！

若松 俊介 ［著］
A5判並製／定価1,980円（10%税込）